若手教師のための
主任マニュアル

編・著

渡辺喜男＆TOSS横浜

はじめに
学校は、授業が上手なだけでは成立しない

　誰しも、初任時は、子どもたちに対して毎日授業するだけで手一杯であろう。しかし、そのことが心地よい満足感をもたらすのだ。
　その頃、割り当てられる学校の分掌は、とてつもなく些末な仕事だ。例えば、教室においてあるほうきを配ること、壊れたほうきを交換すること……。
　向山洋一氏は、どんな些末な仕事にでも、様々な工夫をし、仕組みを考えろと言う。

　また、向山洋一氏は、優れた教師は、授業が上手なだけでなく教育課程を編成することができなくてはならない、とも述べている。
　先の些末な仕事に対する発言は、教育課程の編成につながる「学校の組織としての仕事」についての発言なのである。
　こんなことを言った教育者は、それまでにいなかった。

　近年、若い先生だけの学校も増えている。教えてくれる先輩教師がいないのだ。それなのに、「主任」と呼ばれる仕事を任されることになる。
　若い先生方は、「学校の組織としての仕事」という意識で取り組むことができるだろうか。
　この冊子は、そんな「主任」という任務を初めて背負うことになった若い先生に向けてのエールであり、道しるべになるものだと考えている。

　がんばれ！　学校は、授業が上手なだけでは成立しない。
　それぞれが「組織としての仕事」を意識すれば、もっと楽に、もっと楽しく仕事ができる。

TOSS横浜代表

渡辺喜男

目　次

はじめに　学校は、授業が上手なだけでは成立しない
　　　　　　　　　　　　　　　　　TOSS横浜代表 渡辺喜男 ……… 3

1 学校を動かす実働部隊「教務主任」

1	教務主任の仕事	「行事」と「会議」を配置する ……………………… 8
2	教務主任の仕事術	職員会議の議題・学校便りの分担を示す ……… 11
3	教務主任	「トラブル発生! 教務が計画的に動く」
		（危機管理：校内トラブル対応・保護者対応）
		①登校渋りの連絡あり ……………………………… 13
4		②いじめ対応 ………………………………………… 16
5		③保護者からのクレーム ………………………… 19
6		④通知表の誤記載発覚 …………………………… 23

2 学校の中心になる「要の主任」

1	研究主任の仕事	手だて・工夫の柱の確定　研究授業の配置 ……… 26
2	研究主任	実のある授業研究のために　①研究テーマを具体的に …… 28
3		②授業観察の視点 ………… 31
4	児童指導主任	早期組織対応できる仕組み作り ……………………… 33
5	特別支援教育コーディネーター	その子の未来をつなぐ仕事 ……………………………… 41

3 学校の大切な柱「教科領域主任」

1	教科領域主任	全体を見通して動く ……………………………………… 46
2	国語科主任	校内に文化の薫りを漂わせよう　国語主任の仕事術 …… 48
3	社会科主任	社会科資料室、大いなる野望 ……………………………… 52
4	算数科主任	先手必勝4月1日から ……………………………………… 54
5	理科主任	理科室を整備する …………………………………………… 57

6	生活科主任	物を用意し、思う存分使えるようにする	59
7	音楽科主任	音楽は学校行事の要！ 音楽科経営	62
8	図工科主任	消耗品との戦い	64
9	体育科主任	「安全を作り出す」が第一の仕事	67
10	家庭科主任	家庭科は物と場の整備がキー	70
11	総合的な学習の時間主任	年間計画とストック	74
12	道徳主任・道徳推進教師	平成30年度道徳の教科化に向けて	76
13	特別活動主任	校内の特活システムを作り稼動させる仕組みを作る	79
14	外国語主任	日本の英語教育の一翼を担う！	84

4 すぐにまわってくる「学年主任」

1	学年主任の役割	1学期先を見通す 仕事を割り振る	90
2	1年生学年主任	1年生は、シングルエイジの最終期	92
3	2年生学年主任	2年生主任は、生活科で先を見通す	96
4	3年生学年主任	早めの準備でギャングを制圧！	99
5	4年生学年主任	学級経営のつもりで学年経営を	102
6	5年生学年主任	行事にあたふたしない！ ゆとりオーラを放つ5年主任	105
7	6年生学年主任	楽しく明るい1年間を作る〜ゆとりある卒業期を〜	111
8	個別支援級主任	「授業の原則十か条」を活用して 楽しい個別支援級	115

5 縁の下の力持ち「いろいろ主任」

1	図書主任	図書の仕事は「分担」が要！ 年間を見通した仕事術	120
2	給食主任	他の職員との連携と事務作業！ 給食主任の仕事術	124
3	視聴覚・情報主任	機器管理と対外的な仕事	129
4	安全主任	安全は仕組みで作る	133

| 5 | 人権主任 | 1年目は前年度の仕事を踏襲する
2年目からは少しの主張を加える | 138 |
| 6 | 校内若手研修
（メンター）主任 | 職員を巻き込む校内研修 | 143 |

6 プロジェクトを支える「行事のリーダー」

1	運動会のリーダー	「連絡」「調整」役に徹せよ!	148
2	入学式のリーダー	心配な思いをさせない入学式	151
3	卒業式のリーダー	指導の方針と方法を示す	153
4	全校遠足のリーダー	仕事は割り振り、計画と調整役に徹す	156
5	学芸会のリーダー	計画調整役になって、遅れを防ぐ	160

7 番外編「主任じゃないけど大事なポジション」

1	学年会計	Excelが必須アイテム こま目に早めにチェックしておくといい	164
2	校内親和会幹事長	楽しいゲームで盛り上がろう	166
3	お土産	お土産で盛り上がろう	168
4	お茶入れ	お茶入れで校務が円滑に	170

おわりに　いつも手元に「主任本」　TOSS横浜　大門貴之 ………………… 172

1

学校を動かす実働部隊
教務主任

1-1 教務主任の仕事

「行事」と「会議」を配置する

1. 主任になったら、これをぜひやりたい

学校の仕事から、「無理」「無駄」をなくす。そのことで、個々の職員が自由に使える時間を増やしたい。

2. 教務主任の仕事とは①「行事を配置する」

　教務主任の様子を見ていると、おそろしく大変なことをやっているように見える。職員の先頭に立って、作業の指示を出し、会議を仕切り、かつ、困っている若手教師の相談にものっている。スーパー先生だ。そんなことをできっこない、と私は思っていた。おそらく、今の若手教師も同様だろう。
　しかし、「教務主任の仕事とは何か？」と聞かれて、ずばりと答えられるだろうか。私は、向山洋一氏の書籍から学んで、心の底からスッキリしたことを覚えている。何が一番大切で重要なことなのかが、分かったからだ。

教務主任の仕事①　行事を配置する。

　年間行事予定表が、必ず学校にはある。それを作るのが、教務主任の仕事である。スケジュールを作成するのである。誰しも分かることだが、
●スケジュールがあるからこそ、「組織として」動くことができる。
●スケジュールがあるからこそ、「効率よく」「段取りよく」動くことができる。
……のだ。
　ただ、学校行事は、大は運動会・卒業式から、小は児童代表委員会まで数多い。それを、学校での慣習、ルールに則り（職員会議は月1回とか、2ヶ月に1回とか）無理なく配置するのである。
　私が教務主任をやっていたとき、翌年度の年間行事予定を12月頃から始め、暇を見てちょこちょこと手を入れ、作っていった。学校でコントロールできない校医のス

ケジュールや市の体育大会、水泳大会のスケジュール、市の研究会の日程などが示されるのが２月頃なので、ほとんどのスケジュールが確定するのが３月初旬となる。

もちろん、それまでに、校長先生をはじめ職員に目を通してもらって不都合な点を指摘してもらうようにしていた。

とにかく、その年間行事予定を組み終わると、私の気持ちとしては、不思議な感じがするのだが「ああ、来年度の１年が終わった！」という気になっていた。「スケジュールがあるからこそ、組織は動く」ことを実感として持っていたからである。スケジュールを立てたことで、１年間が終わったと思ったのである。

３．教務主任の仕事とは②「会議を配置する」

行事（スケジュール）が配置された。しかし、これだけでは「組織」は動かない。その行事ごとのスケジュールと分担の提示が必要となる。このために必要なのが、「会議」である。先に配置された行事を先回りして、そのための「会議」を配置するのだ。

| 教務主任の仕事②　会議を配置する。 |

だから、教務主任以外の教師にとってはそんなに大切だとは思えないだろうが、教務主任にとっては、「職員会議の議題」リストは、とても大切なものなのだ。

ある学校では、この「職員会議の議題」（前年度）が、「教育課程」冊子に資料として提示されているという。至極、納得できることである。

４．教務主任の仕事とは③「その年度の強調点に取り組む」

以上の２点「行事を配置する」「会議を配置する」ことができれば、１年間、学校は組織として活動していく。

しかし、その年度によって最重要の取り組みが異なるのである。留意点というか、強調点というか、そのような取り組みである。

例えば、50周年行事。こういう周年行事のときは、メインとなる対外的な行事をイメージする。その上で、学校の運動会や学芸会などの行事も50周年のカラーを打ち出す……。そんなことを留意して、学校を動かす。

また、校長先生のご意向も大切である。その年度に最も取り組みたいことが校長先生にあるのだ。

例えば、体力作りに取り組みたい。こういうときは、体育の教科としての取り組みと休み時間を使った取り組み、行事としての取り組み、体育委員会の取り組みなどをイメージする。その上で、無理のないような休み時間の取り組みの設定や○○大会の設定を行う……。そんなことを留意して、学校を動かす。

　大切なのは、年度当初に、このうち1点は教務主任としても最重要なこととして取り組むと校長先生と確認しておくことである。

　ただし、1つだけにしておく方がよい。2つ以上はしない方がよい。2つ以上は、3つ以上の「全部」になる可能性が高い。

教務主任の仕事③　その年度の強調点・校長先生の意向に沿って取り組む。

（渡辺喜男）

職員会議の議題・学校便りの分担を示す

1. 職員会議を動かせば、組織として学校が動きだす

　職員会議は、学校を動かすエンジンである。職員会議で決定、もしくは承認されれば、組織としてGOサインが出たということだからだ。

> 職員会議を動かせば、組織として学校が動き出す。

のである。もし、場当たり的に学校が動いているとしたら、職員会議がきちんと動いていないということなのだ。
　さて、職員会議は、計画的に動かさなくてはならない。なぜなら、学校は年間計画＝行事予定（スケジュール）に沿って動かさなくてはならないからだ。すると、職員会議で提案される議題がスケジュールに則っていなくてはならない。

> 職員会議の議題リストが、各月ごとに配置されて、職員に提示されること。

が極めて重要である。できれば、年度当初に、年間全ての職員会議の議題が提示されることが望ましい。そうすれば、担当者は、それを見て、提案の時期を把握でき、担当部会での事前の話し合いや校外の関連部署との折衝などの大まかな時期を見通すことができるからだ。
　次のページに、私のかつての勤務校の職員会議の議題を提示しておいた。次の月の議題予定も掲載されているのが特徴である。

2. 学校便りも年間計画を提示して動かす

　学校便りは、毎月発行される。まさしく、毎月のルーティンワークなのだ。巻頭の誌面は校長先生が書き、月の行事予定の誌面は教務が書く、そんな学校が一般的だ。
　そして、その他の誌面を他の担当職員に割り当てている学校も少なくない。私のかつての勤務校もそうだった。ところで、

いつ、学校便りの誌面のどの部分を、どのくらいの大きさで、誰が書くか。

が、提示されていなかったばかりに、発行ぎりぎりになってドタバタ騒ぎをすることはなかっただろうか。そんなことを防ぐために、

学校便りの担当者の年間計画を、年度当初に提示する。

ことが必要だ。これさえやっておけば、すいすいと学校便りが毎月発行されることになる。参考として、学校便りの裏面に、その他の誌面として、各学年の実施行事等を掲載している学校の予定表を提示しておく（表面は、校長先生のお話と月の行事予定である）。

平成　年度	6・7月　職員会議		司会・記録　　年
	連絡及び協議事項	連絡 協議	担当
1	6・7月行事予定	○	教務（　）
2	個人面談・地区懇談会について	○	教務（　）
3	初任者研修について	○	研修部（　）
4	水泳指導計画	○	体育部（　）
5	スポーツテスト	○	体育部（　）
6	避難訓練・集団下校訓練	○	防災（　）
7	交通安全教室	○	防災（　）
8	○○宿泊体験学習（5年）	○	5年
9	○○宿泊体験学習（4年）	○	4年
10	交流オリエンテーリング	○	交流委員会
11	個別級交流給食	○	人権・障害教育委員会
12	児童指導委員会より	○	児童指導
13	その他	○	
14	学校長より	○	

次回職員会議　予定（昨年度議題より）　　／（　）8・9月分
- ●8・9月行事予定
- ●前期教育活動点検評価
- ●○○小まつりについて
- ●総合防災訓練・引取訓練
- ●6年修学旅行について
- ●学校保健委員会　　●歯科巡回指導計画
- ●ふれあいコンサート
- ●評価・あゆみについて
- ●教育課程報告会・夏の作業について
- ●夏休みの勤務について

平成　年4月　日
平成　年度　学校便り（裏面）掲載予定　　　　教務

発行月	掲載内容	担当
4月	日課表・学校のきまり・校舎案内図	教務部
5月	ようこそ1年生の会	1年
	6年歴史博物館見学	6年
6月	3年遠足	3年
	スポーツテスト	体育部
7月	運動会	体育部
	○○体験学習	5年
夏休み号	給食試食会	給食部
	○○体験学習	4年
9月	区水泳大会	体育部
	ぐんぐん育て！（野菜・生き物）	2年
特別号	学校配当予算	事務
10月	オーケストラ鑑賞	音楽部
	市球技大会	6年
11月	全校縦割り遠足	交流部
	個別級合同宿泊学習	個別級
12月	2年遠足	2年
	区音楽会	3年
1月	学習発表会	総合部
	区球技大会	5年
2月	書き初め大会	国語部
	学校保健委員会	保健部
3月	二分の一成人式	4年
	幼稚園・保育園との交流	1年

※原稿の締め切りは、発行日3日前です。

（渡辺喜男）

教務主任 1-3

> トラブル発生！　教務が計画的に動く
> （危機管理：校内トラブル対応・保護者対応）
> # ①登校渋りの連絡あり

１．早期対応に勝るものなし

　朝、職員室の電話が鳴る。「先生、○○が学校に行きたくないと言っていますので、今日はとりあえず休ませます。」と、保護者からの言葉。「登校しぶり」の連絡である。

　これに対して、どう対応するかが、今後の分かれ道である。実は、対応の内容よりも、

> すぐに対応する行動のスピード。

が大切なのである。まずいのは、以下のような対応だ。

「承知しました。事情を後ほどうかがいますので、こちらから電話をいたします。」と言って、電話を切る。放課後、時間を作って、電話をかけてきた家に電話をする。

　保護者とのやりとりの中で、「友達の□□さんから、無視されている。○○が声をかけても、返事してくれない。それで、学校に行きたくない。」との情報を得る。

「それでは、明日、□□さんから事情を聞いてみます。ですから、明日は元気よく登校させてくださいね。」と保護者に依頼して、電話を切る。

　このような対応のどこがまずいのだろうか。それは、以下のようなことが起こるからである。

「やれやれ、事情が分かった。これで、○○さんは、明日は、きっと学校に来るだろう。」と電話を切る。そして、その日の仕事を終えて、帰途に着く。翌朝、職員室の電話が鳴る。昨日の家からだ。「先生、○○が、今日もまた学校に行きたくないと言っています。□□さんが、また無視するんじゃないかと、ぐずるんです。ですから、今日も休ませます。」

　後手に回ってしまった。その日、□□さんに事情を聞いて、放課後に電話をする。

　保護者は、「分かりました。先生からのお話を○○に話します。明日、学校に行くよう促します。」との返事。しかし、翌日も登校渋りは続く。そして、ずるずると長期化していく。

１　学校を動かす実働部隊「教務主任」　13

> その日のうちに対応しないと、後手に回る。

のだ。

2．その日のうちに「安心させる情報」を届ける

　登校渋りの子は、何らかの不安な要因を持っているからこそ、学校に来ないのだ。だから、その不安な要因を打ち消す情報がないと、登校渋りはなくならない。先の事例で言えば、次のようになる。

　登校渋りの連絡を受けた後、「すぐに」指摘があった□□さんからヒアリングを行う。朝の会や授業の予定もあるだろうが、それよりもこちらを優先させる。ほかの子は自分たちで行えるように指示を出して、□□さんからヒアリングを行う。

　ヒアリングは、○○さんが学校に行きたくないと言っている理由は事実か、をまず聞き出す。これは、確実にやったことがあると回答がなければ、「ちょっと無視した」「一度だけ無視した」「自分ではそう思っていないが、○○さんはそう思ったかもしれない」という「かすかな」なレベルの回答を引き出す。

　その上で、「もうやらない」「○○さんと仲よくしたい」などの言質を□□さんから得ておくのだ。これが、「安心させる情報」となる。そして、

> この「安心させる情報」を持って、登校渋りの子の家を訪問する。

のがよい。訪問時刻のベストは、学校の休み時間である。休み時間が無理なら、放課後である。放課後に会議が入っていても、会議より優先して訪問するのだ。学校に来ないことへの対応以上に重要なことはない。

　このような対応をすると、子ども・保護者には次のような教師への信用が生まれる。「この先生は、すぐに動いてくれた。相手の子へも対応してくれた。これなら、学校に行ってもだいじょうぶだ。」

　私は、このように対応することで、何度も登校渋りの子を学校に来させた。休み時間に家庭訪問して、一緒に学校に戻ったことも数回ある。

3．教務主任の役割

　教務主任としての役割は、

> 登校渋りの対応をシステムとして構築する。

ことである。具体的には、以下のことを職員会議等で提案するのだ。

① 「学校に行きたくない」という保護者・子どもからの「登校渋り」の申し出があったときは、即座に、担当（教務主任、児童指導主任等）に申し出る。
② 「登校渋り」の理由の真偽をその日のうちに探り、合わせて、「登校渋りの子を安心させる情報」も作り出す（引き出す）。
③ その日のうちに、その「理由の真偽」と「安心させる情報」を持って、「登校渋り」の子の家を訪問して、登校を促す。
④ 以上のために、担任以外の先生（原則として同学年の先生）が担当学級を補教する。そのための配置は、教務が行う。

このようなシステムが構築されれば、「登校渋り」が起こったときに、迷うことのない行動の指針があるため、解決に向かうことが容易となる。

（渡辺喜男）

1-4 教務主任

トラブル発生！ 教務が計画的に動く
（危機管理：校内トラブル対応・保護者対応）
②いじめ対応

1．いじめが発生したときの対応が、システム化されているか

　いじめに対応するのは、教務主任が主ではない。児童指導主任という分掌が担当することだ。

　教務主任は、その対応が学校としてシステム化されているか、システム化されているとしたら、それが機能しているのかどうか、システム化されていなければ、どのように校内に取り入れるか、それを考えることが仕事となってくる。

　具体的には、児童指導主任と連携して、いじめに対応する児童指導の仕組みの提案を行うのである。

2．いじめ対応のサポートをする

　いじめが発生したときの、教務主任の仕事は、

対応をサポートする。

ことである。実際の対応は、担任と児童生徒指導担当、そして管理職とあるであろう。児童生徒への聞き取り、保護者への対応、時には、学級の他の児童生徒への対応など、対応は多岐にわたる。それも、緊急を要する。

　関係した児童生徒への対応は最重要であるが、他の多くの児童生徒が、安定して学校生活を送るようにしなければならない。それらのサポートが、教務主任の大切な仕事になる。例えば、次のようなことが考えられる。

---

①担任が聞き取りをしているときの補教の配置。
②聞き取りや保護者面談などの場所の調整。
③対応で手薄になる学年や分掌への補助。

要は、学校全体が、できるだけ通常の状態を保つために必要なことを見つけ、サポートするのである。もちろん、管理職と連携しながら必要なことを洗い出し、それらに1つ1つ対応するのだ。時には、担任や児童生徒指導主任のフォローも必要であろう。

　いじめに直接対応するのは、教務主任ではない。しかし、いじめを未然に防ぐこと、いじめが起きたときの対応をシステム化すること、そして、いじめが発生したときの学校全体のフォローは、教務主任としての大切な仕事なのである。

　学校組織の要である教務主任として、いじめを防ぐ対策を講じているか、いじめが発生したときには速やかに対応をしているか、対応が終わった後の処理は適切かなど、冷静に学校全体を見渡していきたいものである。

3. いじめ対応のサポートの実際

　「いじめ行為につきましてご連絡させていただきました」という内容の連絡帳が届いたと4年生を担任している先生が申し出てきた。朝のことである。

　すぐに、その連絡帳を元に、会議を開くようにする。教務主任がすぐに声をかけて、校長室で行う。出席者は、校長・副校長・教務主任・児童指導主任・学年主任・担任である。

　担任から、いじめていたと目される子に、いくどか指導したことはあったが、「いじめ」ととられるほどだとは認識できていなかったと、話があった。連絡帳を見て、対応を相談する。

- 本人たちに事実確認をする
- 事実確認を受けて、放課後に会議を再度行う

ことを決定した。この際、事実確認を1校時に行うので、教務主任が、空き時間の音楽専科の先生に、当該学級の補教をしてもらうよう、調整を行う。

　放課後、先のメンバーで会議を開く。担任から、事実確認の報告があり、保護者の申し出通りだったことが報告される。ただし、いじめていたと目される子は、やったことは認めたが、「いじめ」の自覚はなかったという。

　そして、保護者に連絡して面談を行う方針を立てる。保護者に連絡すると、18時過ぎから学校で面談したいとの要請があった。18時、いじめられた本人とご両親が来校する。担任と学年主任で対応する。

　面談終了後、校長は不在だったので、学年主任・副校長・児童指導主任・教務主任・担任とで、明日以降の方針を決定した。

- ●明日は再度本人たちに話を聞き、指導を行う
- ●その上で、クラス全体に話をする

　本人たちだけにとどめることも考えられたが、クラスに若干のゆるさ、いじめを許容するような雰囲気があるという判断で、クラス全体に話をすることにした。話をするのは、担任と学年主任である。この1校時目の学年主任のクラスへの補教の調整を、教務主任が行う。

　翌日の1校時、いじめていた子に指導を行った上で、クラス全体に話をする。担任と学年主任である。子どもたちは、素直に話を聞き、これからの学級をどうするか、話し合いを行った。

　そして、放課後、保護者と再度面談を行った。担任と学年主任である。今回の指導の流れについて報告し、担任としての対応の至らなさを謝罪した。保護者からは、子どもが「楽しかった！」と笑顔で学校から帰ってきたため学校の対応に納得しているとの言葉があった。最後は、保護者は笑顔で学校を出ていった。

　その後、いじめていた子のお宅に家庭訪問をし、事実の報告と担任の指導不足について謝罪をした。これも、担任と学年主任である。

　その後、1週間後、2週間後にも、保護者に連絡するよう担任に促すのは、教務主任の役割ではないが、それでも行った方がよい。

（佐々木　誠）

教務主任 1-5

> トラブル発生！　教務が計画的に動く
> （危機管理：校内トラブル対応・保護者対応）
> # ③保護者からのクレーム

1．クレーム対応の原則を、若い職員に伝える

　どのクラスにもクレームは起こる。しかし、そのクレームにどう対応するかで、信頼が増したり、減ったりする。

　若い職員には、信頼が増すクレーム対応をしてほしい。そこで、クレーム対応の型を伝えていくことが、結果的に教務主任が対応しなければならないような大きなクレームを防ぐことになる。クレーム対応の原則は、

- ていねいな謝罪
- 早期対応（事実確認と対応）
- 早期連絡
- 後々までのフォロー

だと考えている（こちらに非がない場合にも、「ご心配をおかけしました。」と、保護者の心労に対して、ていねいに謝罪した方がよい）。

　このクレーム対応の原則を、エピソードを交えて、若い先生に伝えていくのである。例えば、こんなエピソード。

　朝、連絡帳に「給食後に使う歯ブラシが3本続けてなくなりました、対応してください。」と書かれたものを受け取ったとする。すぐ、その場で、その子と二人で話をして事情を聞くのである。その上で、全体に指導を行う。

　こういう場合は、指導の内容ではなく、すぐ指導したということが大切である。例えば、みんなで歯ブラシをさがす。例えば、なくした○○さんの気持ちについて意見を述べさせる……。その後、その子に、帰るときに歯ブラシがなかったら、すぐ申し出ることを伝える。そして、他の子も同様に、歯ブラシがなかったら、すぐ申し出るようにと伝えるのだ。

　そして、すぐに、保護者に電話で連絡する。ご心配をかけて申し訳なく思っている

1　学校を動かす実働部隊「教務主任」

こと。みんなでさがし、話し合ったこと。帰るときになかったら申し出る約束をしたこと等を保護者に話すのだ。

　ここまで、1時間目の半ばである。そして、放課後にまた電話をかけて、子どもの様子を聞く。その上で、1週間後、2週間後……に電話をかけて様子を聞くのである。

2．クレームが起こりがちな例を知らせる

　保護者、地域の方々がカチンとくる勘所がある。それも、若い先生に伝えた方がよい。事前に、クレームの原因を減らすのだ。

担任へのクレーム例
- プリントの配付が遅れがち。
- 図工の準備物のお知らせが、ぎりぎりになる。
- 隣のクラスとの進度（特に、算数）が違いすぎる（遅すぎる）。
- 物がなくなった。
- ぶたれた、悪口を言われた……。

地域・公共機関からのクレーム例
- 騒音。
- 食べ物のちらかし。

3．教務主任として重大なクレームに対応する

①冷静な対応を心がける

　担任に対してのクレーム、専科の教師に対するクレーム、学校全体に対するクレーム。保護者のクレームは、様々である。

　クレームを、教務主任が直接受けることはあまりない。しかし、円滑な学校運営を司るのが教務主任の仕事だから、保護者のクレーム対応にも、冷静に関わっていく必要がある。

教務主任は、組織の要として、冷静に対応していく。

②事情を把握する

　クレームの先が誰であれ、教務主任が対応するということは、それだけ難しい内容であると考えてよい。また、クレームが直接管理職に行ったケースも考えられる。管理職が前面に出るのは、最後の段階である。できれば、管理職が対応する前に、教務主任の段階で解決できるようにしたいものだ。

　まず、事情を把握する。クレームを言ってきた保護者の申し出を理解することはもちろんであるが、クレームを受けている立場の職員の見解も、しっかり理解しておかなければならない。

　保護者からの話を聞くときには、教務主任一人ではなく、もう一人校内でそれなりの立場の人を同席させる。誰を同席させるかは、管理職の方と相談した上で決める。

③保護者の話を全て聞く

　保護者の話を聞くときには、まず全て受け入れる（要求をのむということではない）気持ちで向かい合う必要がある。場合によっては、保護者の勝手な言い分と思われることもあるが、まずは全て受け入れる姿勢を見せる。

　一番こじれてしまう対応は、途中で保護者の話に対して口を挟むことである。たとえ、自分たちに言い分があったとしても、まずは黙って話を聞くことが大切だ。

　主張すべきことは主張しなければならないが、まだその段階ではない。相手は、何かの原因で、学校に（教師に）腹を立てているのである。まずは、話を全て聞くようにしたい。話を全て聞くことで、相手が落ち着いてくることもあるのだ。

④事実を把握する

　保護者の話を聞いた後は、クレームを受けている側の言い分を聞き、事実関係を把握する。このときも、できれば教務主任の他に、もう一人同席できるとよい。

　直接関係した人、同じ学年など、クレームの件に何かしらの関わりを持っている人など、いくつかの目線での話を集め、事実関係を客観的に把握する。学校側に落ち度があるのか、保護者の勝手な言い分なのか、双方に落ち度があるのか、複数の目で判断していく。

　その際、クレームを受けた教師に対して、温かい対応を心がけたい。一方的なクレームを受けた教師はもちろんだが、自分のミスでクレームを受けた教師に対しても、支えていく姿勢を持ちながら聞き取りをしていきたいものである。

学校のチームワークをよりよいものにすることも、組織の要である教務主任の大切な仕事だ。クレームのような非常時こそ、そういった教務主任の意識が必要なのである。

⑤ **方針を立てる**
　教務主任が対応するクレームであるから、学校としてどう判断するのかが問われてくる。保護者、教師双方から聞き取ったことをもとに、今後の方針を立てていくが、基本は、管理職に判断を委ねることである。学校だけで判断できない場合もある。そのときには、管理職は教育委員会へ報告相談をするはずである。教務主任は、事実を正確に管理職に報告することが大切だ。
　謝罪をするのか、保護者に理解を求めるのか、改善が必要であれば、何をどのようにいつまでに改善するのか、具体的な方針を、管理職に判断してもらう。後は、その方針通りに動くための具体案を、教務主任として組み立てていくのである。

⑥ **教務主任一人でかかえない　しかし先頭に立つ**
　最近の保護者のクレームは、対応が難しい。教務主任一人でかかえることではない。主幹教諭（総括教諭）など、それなりの立場の人たちと一緒に、クレームに対応していきたい。
　しかし、教務主任は学校組織の要である。自分が先頭に立って対応にあたる意識は、常に持っていたいものである。

（佐々木　誠）

教務主任 1-6

> トラブル発生！　教務が計画的に動く
> （危機管理：校内トラブル対応・保護者対応）
> # ④通知表の誤記載発覚

１．通知表の重点チェック項目

　最近、コンピュータを使って通知表を記述することが多くなり、「誤記載」に関する保護者からの訴えが増えている。マスコミ等の報道もあり、学校の通知表の記述チェックに神経質になっている実情がある。

　しかし、そんなに何度もチェックするのは、うんざりである。実は、重点的にチェックする項目があるのである。それは、

> 子どもが覚えていて注目する項目。

である。具体的に言うと、

> ●出席日数　欠席０日とともに欠席１日もチェック。
> ●係、当番名。
> ●クラブ、委員会名。
> ●実行委員会などの分担名。

である。出席日数が欠席０、自分が一度も休んだことのないことを、子どもはよく覚えている。だが、休みたくないけれど１日だけ休んだことも、子どもはよく覚えているのだ。そして、自分が担当していた係、当番、実行委員会、自分が所属していたクラブ、委員会の名前は、一生懸命やっている子ほどよく覚えているのだ。

２．通知表は、朝のうちに渡して確認させる

　通知表を作るのが人間である以上、誤記載は防ぎようがない。しかし、その誤記載が、子どもが学校にいるうちに発見されたなら、下校させるまでに修正すれば、正式な誤記載とはならない。

だから、終業式の日は、

> 朝のうちに通知表を渡して確認させる。

のだ。これなら、余裕を持って通知表を修正し、印刷し直したものを渡すことができる。帰る間際になって通知表を渡し、間違いが見つかったとしたら大慌てで修正することになる。

3．それでも誤記載が発覚したら

　それでも、時に誤記載は発覚する。それは、子どもが通知表を持って帰り、保護者に見せた後だ。学校に、誤記載を指摘する電話がかかってくる。例えば、欠席した日数が明らかに違う、などという指摘である。

　こんなときは、スピード勝負となる。すぐに事実を確認して、修正した通知表を作成するのだ。教務主任が中心となって、てきぱきと処理する。その上で、誤記載を指摘した保護者の家を訪問するのである。

> 修正した通知表を持参して、保護者に謝罪とともに渡す。

のだ。このときには、担任だけでなく、学年主任、できれば校長か教頭の管理職も連れだって訪問してもらうよう教務主任から声かけをしていく。誤記載はずっと後まで残ることなので、ていねいに謝罪した方がよい。

（渡辺喜男）

2

学校の中心になる

要の主任

2-1 研究主任の仕事

> # 手だて・工夫の柱の確定
> # 研究授業の配置

１．主任になったら、これをぜひやりたい

> できるだけ限定されたテーマを扱い、小さくてよいから、子どもの事実から導き出された、役に立つ知見を生み出したい。

２．研究主任の仕事を分類する

　横浜では、学校における研究のリーダーとして、以下の２つの名称があった。
- 研究主任　　●研究推進委員長

である。研究主任とは研究の内容に関わるリーダーであり、研究推進委員長とは組織、スケジュールといった研究推進に関わるリーダーである。最近では、研究推進委員長の役割も研究主任が兼ねていることが多い。というか、研究推進委員長という職務自体がないことが多い。だから、本書では、研究主任の仕事は、研究の内容に関わることと研究推進に関わることの両方と捉えていくことにする。

３．研究主任の仕事①「手だて・工夫の確定」

　前全国校長会会長で、社会科の研究者でもある向山行雄氏は、学校の実践研究は、ざっくり言って「指導法の工夫」であると主張している。
　同感である。いったい何を研究しているのか分からないような研究がたくさん生み出されている。それは、「指導法の工夫」という視点がないからである。そして、その上に、指導法の工夫の「限定」がなされず、何でもありになっているからである。

> 研究主任の仕事①　（限定された）手だて・工夫の柱の確定。

が大切なのだ。例えば、体育であったら、手だて・工夫の柱として
- 場の設定の工夫　　●学習カードの工夫
- 教師の声かけの工夫　　●教材の工夫……

たくさん考えられる。そのうち、「3つ程度」に限定して確定するのだ。そうすれば、検討会でも話がかみ合って、生産的な会となる。けっして抽象的な文言で柱を提示してはならない。

4．研究主任の仕事とは②「研究授業の配置」

学校の研究で一番大切なのは、授業研究である。だから、

> 研究主任の仕事②　研究授業を配置する。

ことなのだ。この研究授業の配置の会は、年度当初にあっという間に行うに尽きる。先のことはまだ分からないから、会議のスケジュールに、研究授業の配置を決定する（学年ごとでも、ブロックごとでもよい）会議を入れておくのである。すると、年に1回研究授業を行うのが当たり前の学校では、あっという間に決まってしまう。研究授業が配置されれば、もう研究のスケジュールの大本は決まったと同様なのである。

5．研究主任の仕事とは③「研究のまとめが構想されている」

　研究発表等が予定されている学校の研究主任には、研究内容に関する専門的な見識が要求される。具体的なことを言えば、研究で扱う全ての学年の全ての教材について、コメントできる力がなければならない。そして、研究の柱を提示した年度当初に、

> 研究主任の仕事③　研究のまとめが構想されている。

ことが重要である。研究発表会は、その研究主任が構想して研究のまとめの発表となるのだ。それから1年間は、その実現に向けての具体的な活動である。とはいえ、研究発表会をどこの学校もやるわけではない。だから、そんな大げさなことではなく、研究のまとめ方を年度当初に提示しておくのである。各自の実践、もしくは授業研究の後に、「考察」等を書いてまとめるというのが一般的だろう。

> まとめのプロット、提出の仕方（形式、期限、提出媒体等）、とりまとめの担当等。

を、提示するのである。これで、研究のゴールが明示されたことになる。（渡辺喜男）

2-2 研究主任

> 実のある授業研究のために
> # ①研究テーマを具体的に

1．主任になったら、これをぜひやりたい

| 授業技術を知り、技能を向上させる楽しさを味わえる研究にしたい。 |

2．「腹の底からの手応え」を感じられれば、研究は楽しい

　各学校の研究テーマを、学校にいる何人の先生が言えるだろうか。仕方なくやる研究、お飾りのテーマを掲げた研究がつまらないのは誰しも同じこと。何より、研究主任として手応えの感じられない研究を、提案したくはない。

　研究主任になったならば、意味のある研究は職員にとって「腹の底からの手応え」があることを伝えたい。「腹の底からの手応え」を感じられる授業技術や技能は、教師を変える。職員には、新たな授業技術や技能を獲得する楽しさを知ってほしい。教師が変われば、子どもは変わる。研究主任は、子どもたちを導く教師をも導く立場なのだ。

3．研究テーマ設定に向けて
　では、具体的には何をしたらよいのだろう。

| 研究テーマ・サブテーマに「指導法の工夫」という文言を入れる。 |

　この一言によって、授業技術や技能の獲得が研究の内容に含まれることになる。研究と実践が往還できるわけである。職員に「腹の底からの手応え」を感じてもらう研究に一歩近づいたと言えよう。研究テーマの決め方に、絶対のルールがあるわけではない。が、主題には、

| 教師が主語になる「目的（子どもの成長）」を入れ込む。 |

とよいだろう。多くの学校のテーマを見てみると「〜の育成」「〜を求めて」「○○できる指導法の工夫」などの言葉が共通している。子どもの成長を目的とした教師の思いや願いを表明することが大切である。次に、サブテーマには、

> 「方法」や「内容（場面）」を表す言葉を入れる。

とよい。例えば、「ユニバーサルデザインを取り入れた」や「算数科における」、「○○の指導法の工夫」というように。

4．研究テーマを決める切り口

さて、研究テーマ設定にあたり、その切り口を3つ紹介する。

> ①子どもの実態、教師の願いから切り込む。

やはり、子どもあっての研究である。そして、教師の願いも叶えたい。そういう意味では、現場において、一番自然な切り口ではないだろうか。

> ②流行から切り込む。

教育にはその時代の流行りというものがある。学習指導要領が改訂されるときなどは特に、新たな教育課題ともいうべき「キーワード」が登場する。これらを追い求めることも大切であり、また、「何故その研究なのか」にも答えやすいというよさがある。未知の新たな課題は、学校全体で取り組むことで、きっと得るものも多いことであろう。

> ③地域、学校の環境・歴史から切り込む。

継続してその学校で行われていることや、環境を生かす研究である。場所によっては、避けて通れないこともあるであろう。
　いずれにせよ、研究テーマ決定は研究主任として、最も悩ましい仕事であるが、その後の研究を左右する重要な価値ある仕事でもある。じっくりと時間をかけて検討すべき項目であることは間違いない。

5．目指す児童像を具体化できるか

さて、出来上がった研究テーマは、

> 「目指す児童像」を具現的に表現できるか。

を考える必要がある。「生き生きと」「きらきら輝く」のような言葉を使った研究テーマでは、特に、それが評価可能な児童像に結びつくのかを考えなければならない。実際、評価可能な児童像を追い求めれば、このようなふわふわした言葉ではなく、具体的な言葉が文言にあがってくるはずなのである。その上で効果的な方法が、

> テーマ決定には仮説も視野に入れる。

ことである。研究仮説には「研究の手立て(方法)」と「目的」が示されるのであるから、仮説との整合性をも視野に入れると、一層検討しやすくなるというわけだ。

6．評価の方法がイメージできるか

> ゴールのイメージを持っておく。

ことも重要である。具体的には、

> 仮説、工夫や手立ては効果的に作用しそうか。
> また、それはどのような方法によって検証可能なのか。

ということまで、視野に入れるということだ。初めの段階で、これまで述べてきた「切り口」「目指す児童像の具体化」「ゴールのイメージ」まで明確にしておくべきだ。

逆に、ここを1つ1つ丁寧にクリアしていくことで、やりたいこと、やらなければならないことである、研究の「内容」「方法」「場面」「目指す児童像」「評価方法（検証の仕方）」が明確になっていくことであろう。

研究テーマ決定には多少の時間がかかるが、1年間をゆるぎなくこのテーマで研究を貫き通せるかは、これらの整合性にかかっている。

（佐藤文香）

研究主任 2-3

実のある授業研究のために
②授業観察の視点

1．主任になったら、これをぜひやりたい

> 研究協議を言い訳・懺悔・誉め合いの時間ではなく、子どもの事実に基づくものにしたい。

2．実のある研究をしよう

　私は、新設校に赴任し、そこで研究主任を拝命した。そこでの提案文書。
「私たちの授業研究は、文字通り学校創立のその日から始まった。それは、とりもなおさず全教職員が、校内授業研究を柱に授業実践を積み重ねてきたことに他ならない。そして、私たちが、何度も繰り返し共通理解したことは、『研究のための研究、研究発表のための研究をするのではなく、実のある研究をする』ということだった。『教師が変われば授業が変わる。授業が変われば子どもが変わる。子どもが変われば学校が変わる』というサイクルを創り出すことで『学校が子どもたちの成長の場となる』ための授業研究を実践してきた」（創立1年目の校内研究計画提案文書より）
　私が、強調したのは、

> 「研究のための研究、研究発表のための研究をするのではなく、実のある研究をする」ということを、繰り返し共通理解する。

ということである。校内授業研究が、研究のための研究、研究発表のための研究では、全く意味がない。本末転倒である。しかし、ややもするとそうしたことに陥りやすい。普段の授業ではしていない掲示物だらけの教室、そのときだけの学習カード、その時間だけの場の設定……。これらは、教師の見栄以外の何物でもない。
　研究は、授業力の向上のための授業研究であり、そのことこそが子どもの成長につながるということを、研究主任としてまず全教職員に発信し、繰り返し共通理解すべく努力しなければならない。

3．研究協議を深めるための方策を探る

　実のある授業研究のために、最も重要なことは、研究協議を深めるための方策を探ることである。研究協議会が、授業者の「言い訳や懺悔の時間」になるのではなく、「子どもの事実・授業の事実に基づく論議の場」にならなければならない。それが、研究協議の深まりである。その深まりが、明日のよりよい授業につながっていく。

　その研究協議を深める方策として、

> 観察する場や観察する子どもを限定した授業観察。

がある。この授業観察の仕方を、提案するのだ。例えば、体育科「短距離走・リレー」の授業。校庭での体育の授業ということを考えると、教室での授業と違って参観する場や視点が多くなり、その結果として協議会での話題が散漫になる。同じ場面で子どもたちの具体的な活動の場面を観察することが難しい。

　そこで、授業の間、同じグループの子どもたち（同じビブスのリレーチーム）を観察するようにする。授業の前半、子どもたちはグループに分かれ5つの場でローテーションをしながらそれぞれが練習をする。また、後半の全体でのバトンパスの練習、グループでの作戦タイム、そして、リレーの競技と、同じグループの子どもたち（同じビブスのリレーチーム）を追って観察するようにするのである。

> 観察する場や観察する子どもを限定した授業観察をすると、子どもの事実に基づいて授業を観るようになる。

〈子どもの事実を検証していく場にする〉
「観察する場や観察する子どもを限定した授業観察」は、体育科に限ったことではない。いろいろな教科で活用できる。

　この授業観察を行うことで、「子どもの事実」に基づいて授業を観ることができる。

　そして、授業後の研究協議会では、常に、「一人の子どもの姿」に焦点をあて、「子どもの事実」を話題にして協議を行うことになる。

　研究協議が荒唐無稽なものにならないように、授業で起こった「子どもの事実」を丁寧に検証していく姿勢を全職員に作っていく。そのための方策を提案するのが、研究主任の大切な役割である。

（松永忠弘）

早期組織対応できる仕組み作り

1. 主任になったら、これをぜひやりたい

いじめなどに立ち向かえる仕組み作りとして、向山型いじめ対応システムを導入したい。

2. 早期組織対応できる仕組みを4月に作る

　向山型いじめ対応システムは、いじめ、学級崩壊などの諸問題に対応する上で極めて有効なシステムである。この早期組織対応ができる向山型いじめ対応システムを含む児童指導の仕組みを4月に作るのだ。

　この仕組みのポイントは2つ。「早期」と「組織」である。児童指導上の問題(例えば、いじめ)で保護者を交えて、問題になった際、よくでる言葉が「学校は知っていたのか」「学校は何をしていたのか」である。

　これを裏返せば、学校は知っており、すでに対応している状態を作ればいい。これが、「早期組織対応」である。保護者の方がまず指摘されるくらい重要であり、各職員が安心して指導にあたる上でも重要なポイントである。

①「早期」について

　24時間以内が理想である。数字が入ると、人は具体的に動くからだ。ただし、その分、同僚の先生方の抵抗感も大きい。「下手に数字を入れると、動けなかったとき、説明がつかない。どうするのか」「かえって負担にならないかしら」などだ。

　通すポイントは、校長先生に提案文書を見ていただき、許可をいただいておくことだ。抵抗があったとしても、「校長先生に許可をいただいておりますので……」と主張できる。逆に校長先生の許可がいただけなかった場合は、無理をしない方がよい。実態として、早期に組織対応ができればよいのだから。

　問題が起こった場合、組織対応(その問題について会議を開く)がとられたのはいつか、実態を記録し、適切な早期組織対応ができているか確認していけばよい(例

150601　1年田中さん、登下校中いじめの発覚→会議日150601)。

　問題があるようなら、年度末反省において、勤務校の組織対応実態として、数字を示し主張すればよい。

② 「組織」について

　児童の問題行動に対し、担任だけであたることのないよう即対応できる組織を作る。ポイントは、問題が発生したときの動きの流れを作ることである。いつ、誰が、何を、どのようにするのかを明確にすることだ。例えば、6年生の学級においていじめが発生した場合、以下のような流れで組織対応する。

---

①担任が、問題の発生状況を調査する（聞き取りなど）。
②担任が、調査した結果を管理職と児童指導主任に報告する。
③児童指導相談会議を開き、具体的方針、対策を決める。
④対策を実行する。
⑤実行した結果を児童指導主任に報告する。
⑥状況が改善すれば、解決に至るまで対策を実行する。改善していないのであれば、再度、会議を開き、別途対策を決める。解決に至るまで、④⑤⑥を繰り返す。
⑦解決の確認は、校長によって判断される。

3．相談（いじめ対策）会議指導計画

　以下に、その早期対応できる仕組み＝いじめに対応する児童指導の会議の指導計画を提示する。

児童指導相談会議　指導計画

一、目標

学校生活において、児童指導部の指導範囲を著しく越える（注1）ような問題の調査・解決のために本会議（注2）を設置する。

(注1) たとえば、不登校、いじめ、授業の騒乱状態などである。
(注2) 構成は、校長、教頭、児童指導担当、養護教諭、各学年児童指導部、当該担任で、議長を設ける。

二、会議
問題が生じたときに随時開かれる。

三、指導の原則
（1）問題の発見・解決には一刻、一瞬を大切にして、早期に対応する。
（2）解決の方法は、具体的に決定される。
（3）「問題」には、全教職員が、一致して当事者として対応する。不登校など。
（4）「問題」が発生したら「解決」を確認するまで、追求する。「解決」の確認には校長があたる。
（5）本会議での審議のうち、「個人名」「家庭の事情」等、必要以上の情報は公開されないものとする。

四、活動分野、方針
（1）いじめ
　①いじめの定義……前頁　文部科学省「いじめ」新定義に同じ。
　②いじめは、見えにくいものであり、早期に発見するため次のような配慮をする。
　（ア）担任、専科、養護教諭、管理職による日常の観察
　　　A）机を離す。
　　　B）授業中、「ワー」とはやしたてる。
　　　C）仲間外れにする。
　　　D）○○菌等の言葉をいう。
　　　E）物がぬすまれたり、こわされる。
　　　F）本人が不快に思うあだ名で呼び続ける。
　（イ）全校でアンケートなどの前段階調査。
　（ウ）10日目、20日目、30日目の蓄積欠席報告。
　③担任が発見したとき、子どもからの訴え、親からの訴えがあったときは直ちに解決のための行動がとられる。
　（ア）担任は、その日のうちに児童指導担当に概略を報告する。
　（イ）必要なときは、報告から早急に会議を開き、方針を決め活動を開始する（休み中は、できる限りの対応をする）。
　（ウ）5日以上たって改善がみられないときは、別途具体的方針を立てる。

4．問題を未然に防ぐ常時活動

　児童指導上の大きな問題が発生させないために、問題が小さな芽のうちに対処することが大切である。そのために、実態調査を行う。
　以下、行った方がよい調査項目を挙げる。

①実態調査について。

（1）いじめアンケート（年2回）
（2）一人ぽっちの子の調査（休み時間、どこで誰と遊んでいたか、1週間調査する）
　　（年2回）
（3）携帯電話の所有（4月）
（4）放課後の生活アンケート（10月）（ゲームをやっていた時間、携帯電話を見ていた時間を記入してもらう）

　これら、調査後、気になる実態が見られた場合は、担任に指導を促すか、組織対応をとる。

②気になる児童の情報共有。

　勤務校では、毎月末、気になる児童の情報を報告し合っている。構成メンバーは、管理職、児童指導主任、養護教諭、各学年の児童指導担当である。報告の基準はない。報告者本人が気になったら、どんなに些細なことでも報告可能である。ただし、報告する内容は、
● 職員に知っておいてほしいこと
● 職員にお願いしたいこと
に限っている。単なる愚痴の言い合いにならないようにするためだ。気になる案件があれば、質疑応答の時間をとり、その場で対策を設けたり、会議終了後、児童指導主任と担任で別途対策について協議したりする。

③生活目標達成状況を確認し、対策を講じる。

　学校の教育目標に準じて、毎月の生活目標が設けられている。上述の毎月末の会議

において、生活目標の達成状況（5〔よい〕—4—3—2—1〔わるい〕）を学年ごとに報告していただく。結果とそれに応じた対策をセットで報告していただく。結果報告だけでは、意味が薄い。結果に対して、どう応じるか。手立てを講じ、実行してこそ、目標を設定した意味がある。

④携帯電話所持に対する校内でのルールを設け、家庭でのマナーを知らせる。

　保護者には子どもの安全の確保、生活上の利便性など携帯電話所持に対するニーズがある。しかし、教師として教育的観点から考えると携帯電話の不適切、あるいは、過度な使用による悪影響はきわめて大きい。LINEなどSNS上でのネットいじめ、他校児童・生徒とのつながり形成、ネット取引での金銭トラブルなどである。したがって、保護者の要望を把握した上で、携帯電話所持に対応することが必要だ。

　まず、校内でのルールを作る。筆者の勤務校の場合、原則、校内に持ち込み禁止である。校内の児童と連絡を取りたければ、学校に電話すればよい。ただし、「登下校中の安全が確保できるか心配」との声もある。よって、保護者が携帯電話の持ち込みを希望する場合、管理職に届け出ることになっている。誰が届け出ているのか、児童指導主任、担任は把握している。したがって、届け出のない子が携帯電話を持っていた場合、「届け出がないと、持ってきてはいけません」と指導を入れる。

　また、届け出た子も校内では電源を切り、鞄の中にしまっておくことになっている。校内で携帯電話を使う必要性がないからだ。こうしたことで、携帯電話に関するトラブルが激減した。

　また、家庭での携帯電話使用のルール作りに関する指導もする。4月、最初の懇談会で全校一斉にしている。保護者の出席率が高いからだ。筆者の勤務市では家庭での携帯電話使用に関するルール例が発行されている。それに基づき、保護者の方に「こういうルールも有効ですよ」とお知らせする。

5．児童指導主任が目立たない学校は、幸せな学校

　児童指導主任の仕事として、私が意識してきたことは、常に矢面に立つことである。担任と保護者との間でトラブルが生じれば、保護者との話し合いに立ち会う。崩壊した学級で飛び込み授業をした上で、今後の対策を練る。空き時間には、できるだけ崩壊学級に入る、などだ。

私が職員に伝えたかったことはただ１つ。「あなたは一人じゃないですよ。皆で対応しますよ。いつでも相談してください」である。
　児童指導主任が目立たない学校は、幸せな学校である。慢心することなく問題の予防に努めていただきたい。また、問題が多く生じているのだとしたら、職員の情報共有を密にし、即応できる組織を作っていただきたい。

平成　年　月　日

いじめアンケートの実施について

児童指導委員会

１、目的
- 健全な人間関係育成のために、児童の好ましくない人間関係を把握し、その解決に役立てる
- 健全な人間関係育成のために、孤立しがちな児童を把握し、その解決に役立てる

２、実施対象
- 全学年児童

３、実施時期・時間
- 　　月　　日（　）～　　月　　日（　）
- クラスで都合のいい時間に実施する
- アンケート集約締め切り：　　月　　日（　）　まで

４、実施方法
- 学年の発達段階に合わせて説明を行い、実施する
- 必要な場合は、ヒアリングを行う
- 記入者氏名、相手氏名はこの状況に応じて書いてもらう。ただし、担任は記入者が誰か把握できる方策をとっておく

５、活用方法
①児童指導委員会に、アンケートの各項目のＡＢＣ等の数を報告する
②学年会で、担任が把握した好ましくない人間関係を話し合い、解決の方策を探る
③解決の方策を実施する
＊アンケートから、性急な対応をとらず、慎重な対応を行う
＊場合によって（複数学年にまたがる場合等）は、児童指導員会で話し合い、解決の方策を探る
④児童指導委員会などにおいて、学校全体の調査結果について検討を行う

６、留意点
- ４月からの新学年についてのみのアンケートだということを明確に児童に伝える
- １年生には、アンケート項目を選択して実施する（１年担任が選択する）

平成　　年度

みんなが楽しく学校生活をすごすためのちょうさ

このちょうさはテストではありません。○○小学校の子どもたちが、楽しく学校生活をすごすためのちょうさです。先生は、あなたのことをよく知りたいのです。
あなたがいまの学年になってからのことを、まじめにこたえてください。かいたことは、ひみつにしますから、ありのままをおしえてください。

＊なまえはできるだけかいてください。でも、どうしてもかきたくなければ、かかなくてもいいです。

1．あなたは、あさ、「学校に行くのはいやだなあ」とおもうことはありますか。

Ａ．よくある　Ｂ．すこしある　Ｃ．ない

2．あなたは、やすみじかんに一人でいることありますか。

Ａ．よくある　Ｂ．すこしある　Ｃ．ない

3．だれかに、「ばいきん」とか「あいつがさわった、きたねえ」とかいわれたことがありますか。

Ａ．ある　　　①たまに　　　　②ときどき　　　　③いつも
　　　あいてはだれですか。かけたらかいてください（　　　　　）
Ｂ．ない

4．だれかに、「はなしかけてもらえない」「なかまに入れてもらえない」などのむしをされたことがありますか。

Ａ．ある　　　①たまに　　　　②ときどき　　　　③いつも
　　　あいてはだれですか。かけたらかいてください（　　　　　）
Ｂ．ない

5．せきがとなりになった人に、つくえをはなされたことはありますか。

Ａ．ある　　　①たまに　　　　②ときどき　　　　③いつも

2　学校の中心になる「要の主任」　39

あいてはだれですか。かけたらかいてください（　　　　　　）

B．ない

6．だれかに、「そうじやっとけ」とか「かたづけやっとけ」とか、しごとをめいれいされたことはありますか。

A．ある　　　①たまに　　　　②ときどき　　　　③いつも

あいてはだれですか（　　　　　）

B．ない

7．だれかに、なにもしていないのに、なぐられたり、けられたりしたことはありますか。

A．ある　　　①たまに　　　　②ときどき　　　　③いつも

あいてはだれですか。かけたらかいてください（　　　　　）

B．ない

8．だれかに、「よこせよ」とか「おごれよ」といって、むりやりものをとられたり、おごらされたことはありますか。

A．ある　　　①たまに　　　　②ときどき　　　　③いつも

あいてはだれですか。かけたらかいてください（　　　　　）

B．ない

9．ともだちと「○○さん」「○○くん」とあそぶのをやめようなどとなかまはずれのことをはなしあったことがありますか。

A．よくある　　　B．すこしある　　　C．ない

10．あなたに、ともだちのことでなやんでいることがあったら、かいてください。

（清水康弘）

特別支援教育コーディネーター 2-5

その子の未来をつなぐ仕事

1. 主任になったら、これをぜひやりたい

発達障がいと見られる子を、保護者の理解を得て、医療や療育につなげたい。

2. つなげることはよいことだ

　学校は、発達障がいと見られる子どもを医療や療育につなげることに心理的抵抗がある。子どもが学校生活に問題があるその原因は、自分たちの指導にあるかも分からず、また、つなげるその過程が保護者との信頼関係を壊してしまうかもしれないという不安があるからだ。

　しかし、つなげることでその子に合った支援が充実し、その子のための人事が配慮され、学校・教室環境が整えられていく。そのことを考えると、長い目で見ればつないだ方がメリットが大きい。ある意味、

つなげることで、その子のための見えない教育予算がつく。

と考えることができる。その子のために、医療・教育などの内容領域だけでなく、友達、家族、地域など、広いつながりを作ることができる学校としての強みを生かし、ぜひ、つないでいくべきであると考える。コーディネーターはその子の未来をつなぐ仕事と言ってよい。

3. 担任に、保護者への具体的な勧め方を伝える

　できれば特別支援コーディネーターが勧める学校システムにするのが理想である。しかし、実際のところは、担任が勧めるのがほとんどのケースになる。

　だから、コーディネーターが担任に、保護者への具体的な勧め方を伝えていくのである。任せっぱなしで、うまくいかずに逆にこじれることを考えれば、遠回りのようだが、ていねいにやった方がよい。

①事前に気を付けること

　4月の家庭訪問や個人面談では勧めない方がよい。あくまで信頼関係を作ることを優先したい。学校生活の中で必ずトラブルがあるので、家庭訪問して情報を共有するなどでていねいに対応したい。

　学校に呼び出され専門機関を勧められるということは保護者にとってものすごく心理的負担があるということは、事前に学校側が理解しておきたい。当然、現状を受け入れられないときもあるし、学校に反発したくなることもある。その上でていねいに勧めていきたい。

②父親も同席してもらう

　学校に来てもらえるよう電話をするが、できれば、父親も一緒に来てもらう方がよい。母親が来て、専門機関につながることに納得しても、家に帰って、父親が反対し、せっかく作った支援の道筋が立たれることがよくある。

　両親ともに学校に来てもらい家庭の判断を束ねた方がよい結果に終わる。むしろ父親の方が理性的に判断し、家庭環境作りにおいてもよい影響を与えることが多い。

③具体的な勧め方

（1）勧め方としては、まずは学校での実態を伝えることから始める。4月の大変だった様子を伝え、それでも支援を続け、そして改善・成長してきた経緯を説明し、学校に対しての信頼感を強化する。

（2）その上で、落ち着いて学習しにくかったり、友達とけんかがあったりなど、その子が抱えている課題を明らかにする。

（3）次に、家庭での認識を確認する。前担任からどのように聞いているか、保育園や幼稚園でどのような様子だったか、放課後の友達とのトラブルはないか、最後に家庭で困っていることはないか、など順番に聞く。

　そこまでの情報を明確にすることで保護者の発想のきっかけを作る。一番聞きたいのは家庭での困り感であるが、いきなり家庭で困っていることを聞いても、「ありません」と、答えられて終わってしまう。

（4）実際に専門機関を勧める方法としては、「学校として手がかりがほしい」と依頼する形で勧めるとうまくいくことが多い。

　「このままでは大変なことになりますよ」など保護者の決断を迫る方法では、

学校の責任を家庭に転嫁しているととられ、反発される。あくまで、学校の問題を家庭に協力してもらうというスタンスをとる方がよい。

4．小野隆行氏の紹介される保護者への勧め方

　TOSS横浜が毎年実施する特別支援セミナーの中で小野隆行先生が紹介された説明は次の通り。

---

①勧めるのではなく紹介する。
「本校では困り感のあるお子さんがいる場合、必ず紹介するということになっています」「検査で発達のでこぼこが分かれば、意図的に伸ばしていくことができます」

②診断が出たときの不安の解消。
「仮に診断が出ても不利になることはありません。受験に不利になることもありません」「受験で本当に必要なのは集団の中で学習できる力と安定して通える力と学力です。それらを伸ばすための手段の1つです」

③薬の意味と脳の仕組み。
「お薬の話が出ることもありますが必ず飲むということではありません」

④医療機関の現状と今後について。
「3ヶ月4ヶ月待ちです。それは発達のでこぼこが早く分かればそれだけ困り感は減るからです」「今後困り感が減らないようなら選択肢の1つとして入れていきましょう。大切なのはお子さんの将来です」

5．個別の指導計画に情報の蓄積を

　発達に課題のある子のために個別の指導計画を作ることになるが、できれば別枠として、面談までの取り組みや面談の結果、年間を通して起きたトラブル（児童間、保護者間）などを記録しておくとよい。つなぐことはできなくても学級編成のときの重要な資料となる。

　ただ、お願いしても担任はなかなか書く時間が取れないので、療育センターのコンサルテーションの折にでも資料として必ず書くように仕組み作りをすると、コーディネーター側のストレスも少ない。管理職のコメント欄も用意すると、管理職の児童把

握のきっかけになる。嫌がる管理職もいるが笑顔で仕事を作ってあげよう。
　個別の指導計画は、紙ファイルで管理する。手書きでよい。デジタル化するとあまり見ないし更新しない。重要な個人情報なのでデータが散逸するのを防ぐ意味もある。

(小川幸一)

3

学校の大切な柱
教科領域主任

3-1 教科領域主任

全体を見通して動く

1．主任になったら、これをぜひやりたい

全体を見通して動くことを通して、子どもたちが「分かるようになった、できるようになった」と実感できる授業作りを目指す。

　教科領域主任の仕事は、2つある。

①どの学年でも、安定して授業を進められるようにすること。
②子どもたちの学力を向上させる条件を揃えること。

　この2つの仕事をするために、まず、

教材・教具を揃えること（補充すること）。

に、年度当初のエネルギーを注ぐ。

2．前年度から動く

　教材・教具を揃えることは、当然予算編成に関わってくる。4月の学級事務が忙しいときに、教材・教具を確認し、数を揃えたり補充したりするのは、大変なことである。だから、前年度から動き出すのである。

　実際には、教科領域主任となるのは、新年度になってからだ。しかし、自分が教科領域主任になるかどうかは、ある程度見当がつくことが多い。また、自分自身でその自覚を持つこともある。だから、前年度のうちに、「この教材が必要」「この教具を補充しなければ」など、意識して見通しを持つのである。

　また、消耗品のように、その学年でないと分からないようなものであれば、年度末の教科領域部の反省に、備品の補充を入れるようにすればよい。備品の補充要求が各

学年から集約できれば、教科領域主任がわざわざ数を調べなくても、次年度に必要な数を把握できるのである。

3．必要な数を判断する

　教材・教具は、できれば「児童一人に1つ」揃えておきたい。予算編成と関わるので、実際にどれだけ揃えられるかは教科領域主任だけで決められることではない。しかし、一度に揃えられないのであれば、数年に分けて揃えるという方法もある。それを見通して、数年間に分けて準備をすること、次の主任に引き継ぐことなども、教科領域主任の大切な仕事だ。

4．教材・教具のユースウェアーを示す

　せっかく購入した教材・教具であっても、その使い方（ユースウェアー）が正しくなければ、宝の持ちぐされである。教科領域の主任として、ぜひ教材教具のユースウェアーについての情報を集めておきたい。

　全ての教材教具のユースウェアーを知るということではない。大切なのは、主任として、そういった情報を集めるという姿勢を持つことなのである。1つのユースウェアーを知れば、案外他のことにもつながってくるものだ。

　自分が知ったユースウェアーは、ぜひ、学校全体にシェアしていきたい。当該の学年に伝えるのはもちろん、校内の研修の1つとして時間を設定することもよいだろう。

5．すぐれた指導法を示す

　その教科領域に特有の、指導法がある。その指導法を支える教育の技術もある。担当した教科領域が自分の専門分野であれば、自分の持っている情報を、校内にどんどんシェアしていくのも、大切な仕事だ。たとえ自分の専門分野以外であっても、それぞれの研究会からの情報を得ることができる。また、自分自身が学ぼうとすれば、すぐれた指導法の情報を得ることはできるものだ。主任自身が、積極的に学ぶ姿勢を示せば、学校全体に、「すぐれた指導法を学ぼう」という空気が広がる。当然、教師集団の力量は高まる。教師の力量が高まれば、それは子どもたちの学力向上に直結する。

　教科領域主任自身の意識を高めることこそ、子どもたちが「分かるようになった、できるようになった」と実感できる授業を支えるのである。

（佐々木　誠）

3-2　国語科主任

> # 校内に文化の薫りを漂わせよう
> # 国語主任の仕事術

1．主任になったら、これをぜひやりたい

> 五色百人一首を校内に広める。その他、有益な国語教材を校内に広め、国語の指導が楽しくなったと、職員に言ってもらう。

2．国語部の仕事内容

　勤務地によって、仕事内容は様々であろうが、主任になったら、まず、1年間の仕事を全て洗い出す必要がある。以下、横浜の場合である。
- 区巡回書写展集約、発送　●市書写展集約、発送　●校内書写展提案
- 教科研窓口、出張　●校内カリキュラム整備　●校内備品管理
- 文集よこはま関係　●夏休み作品集約と発送　●賞状名前記入　※年3回

　国語部、最初の集まりまでに、これらの仕事を列挙しておき、担当を割り振る。

3．購入物品を決める

　国語部として、何を購入するかを決める。

　書き初め用紙、文集よこはま等の他、辞典類（国語辞典、四字熟語辞典、ことわざ辞典等）の計画的購入や、ぜひ、五色百人一首の購入を行いたい。五色百人一首については、後で述べるように指導法を職員に伝えていくようにする。

4．校内への発信

　校内の先生方に向けて、情報を発信していく。文集や書写展などは、学期の節目ごとに、繰り返し発信する。以下、4月に出した文書である。

> ### 国語部からのお知らせ（4月）
> 1　書写作品出展　年間予定
> 以下の時期に、予定されています。学年の年間計画の中に、入れてください。

> 9月　区書写展（各学年4点ずつ）夏休み明けすぐです。
> 12月　市書写展（学年1点ずつ。2年生のみ2点）。
> 1月　校内書写展（全児童、一斉に校内掲示）。
> 　　※書き初め用紙は、国語部が一括して、注文します。

2　文集よこはま　作品募集について

> 各学年1点以上（できれば、クラス1点以上のお気持ちで）。

作品は、年間を通じて、随時募集しています。
いつご提出されてもけっこうです。○○までご提出ください。
学年末に慌てないよう、計画的にご指導をお願いします。
締め切りは、3月上旬です。

3　備品について
●百人一首5セット（赤階段1階倉庫）
●五色百人一首　　があります。
使用する場合は、○○までご連絡ください。

> 5年1組　朝の会で、五色百人一首を行っています（3～4分）。
> いつでも、自由にご参観ください。使い方も、お伝えします。
> 1年生でもできます。
> また、ご依頼があれば、空き時間に出張授業も行います。

5．TOSS教材・指導法をリンクさせる

　国語主任になったら、TOSS教材・指導法の情報を発信しやすい。以下、特に紹介しやすいものを挙げる。
①五色百人一首
　最初に広めたいのは、五色百人一首である。まずは、校費で購入したものを学年で使用する。翌年以降、他学年に広めていく。ご参考までに、校内で配付した資料を次ページに載せる。

3　学校の大切な柱「教科領域主任」

五色百人一首について

「伝統的な言語文化」の指導が、学習指導要領に明記されています。
3年生では、百人一首が教科書に取り上げられています。
本校には、五色百人一首があります。ぜひ、国語の学習にご活用ください。
これまでの百人一首は、教室で行うには、「1試合に時間がかかりすぎる」「100枚覚えるのが大変」という欠点がありましたが、五色百人一首には、以下のような特徴があります。

☆五色百人一首の特徴

①百人一首が五色（青・緑・黄・桃・オレンジ）の20枚ずつに分かれている。
②20枚だと、1試合3分以内で終わる。準備、片付けを入れても4〜5分。
③朝の会や帰りの会でもできるので、毎日できる。
④二人で対戦する。低学年でも可能。どんどん覚える。
⑤試合中に、札が覚えられるという工夫がされている。
⑥集中力が付き、言語感覚が豊かになる。
⑦ゲームを通じて、学級の仲がよくなる。

☆子どもたちの変容

●百人一首を次々に暗唱する子が出てくる。
●百人一首に関する本を読んだり、実際に購入したりする子も出てくる。
●家族だけでなく、おじいちゃん、おばあちゃんと一緒にやる子が出てくる。
●百人一首大会に参加する子が出てくる。
●国語の学習に役立てる子が出てくる。

クラスの実態に合わせて、活用していただければと思います。使い方がよく分からないという場合には、映像があります。また、実際に学級を参観してくださってもOKです。ご自由にご覧ください。
また、ご希望があれば、空き時間を利用して、出張授業も行います。お気軽にご相談ください。

また、「漢字輪郭カード」も広めやすい。一目見ていただければ、そのよさが伝わる。その他、「五色名句百選」「名文・格言暗唱かるた」なども実態に合わせて紹介したい。

② 「あかねこ漢字スキル」と「話す聞くスキル」

　国語主任になると、国語の授業を公開する機会が増える。初任者や実習生が来たと

きには、示範授業を行うので、その際には漢字スキルのパーツと話す聞くスキルのパーツを授業の中に組み入れたい。

　漢字指導の仕方、音読指導の仕方は、多くの先生方が知りたい情報である。実際の授業を見ていただきながら、具体的に指導法を紹介することができる。

③手紙の書き方テキスト

　TOSSと日本郵便株式会社の方々が協力して作成した「手紙の書き方テキスト」を活用されたことはあるだろうか。申し込めば、全校児童数分無料でもらえるテキストである（平成27年当時）。国語主任ならば、積極的に紹介したい（国語主任でなくても、紹介したい）。次のキーワード検索で、教材の内容を確認できる。申し込みも可能だ。【手紙の書き方体験授業　日本郵便】

　また、「いのちと献血俳句コンテスト」などの情報も、国語に関連する内容なので、発信がしやすい。先生方の教材研究の幅を広げ、子どもたちの活躍の場を広げるために、有益なコンクールがあれば紹介していきたい。

（武田晃治）

3-3　社会科主任

社会科資料室、大いなる野望

1．主任になったら、これをぜひやりたい

> 学習に使う資料を蓄積しよう。

　社会科主任の仕事は資料の管理が主となる。各学年が取り組む授業で使用する資料を準備し、取り組みやすくする。また、その他の事務仕事が多少あるので総合主任と兼任して取り組むのが無駄が少ない。ちなみに視聴覚主任と兼務しても親和性が高いが、仕事が膨大になる。

2．大いなる野望、社会科資料室

　すでに資料室がある場合は、ほっと一安心。部屋を確保できない場合は、特別教室の廊下などをもらって場所を確保する。複数年かけて少しずつ少しずつスペースを広げていく。それぞれの学年で使用する資料を掲示する。

　大切なのは必ず目に見える形で掲示すること。どこかに収納してしまうとそのまま死蔵する。できるだけ壁に掲示してパッと見て何の資料か分かるようにした方がよい。

　筆者の勤務校で言えば、3年の学区、4年の横浜、箱根、三浦、5年の京浜工業地帯、などはグーグルアースを使って拡大航空写真を作っておくと毎年使える。6年の歴史単元でも、長篠の戦いや関ヶ原の戦いなど重要な絵図は拡大プリントしておきたい。

　地域のお年寄りにお願いすると「昔の暮らし」で使う用具などが手に入ることがある。できればガラスケースに保管したいところだが、ない場合は必ず透明のビニールでくるんで見えるように保管する。露出しているとすぐに傷んでしまう。

　土器は割れなければ大丈夫。箱根の寄木細工は毎年少しずつ増やす。何かのきっかけできれいなよい箱があったらストックしておく。子どもに資料を見せるときに、白手袋をつけて仰々しく箱から取り出すと大切に扱うようになる。社会科資料室を宝の山になるようにデザインしたい。

3. どの学年に任せるか、開港記念、開校記念

　社会科部の仕事として悩ましいのが横浜開港記念式と開校記念式。それぞれ各校で何らかの記念行事を行うことになる。3年分くらいのプログラムを用意し、3年に1回テーマを変えて持ち回るようにすると、毎回悩まなくてよい。

　その際、学年の学習発表の場としておくと職員の研修にもなる。以下のように、3年生や4年生の発表の機会とすれば、学習内容とも関連づけることができる。

開港記念事業の例 （6月：4年生に依頼） ●ペリーと横浜開港 ●横浜はじめて物語 ●横浜開港と日本の産業革命（生糸貿易）	開校記念事業の例 （開校記念日近く：3年生に依頼） ●学校ができた頃（先輩に聞いてみよう） ●校歌にこめられた願い ●校舎の移り変わり ●昔の子どもたちの遊び

4. 社会科見学の用地候補選定

　地域によっては交通機関の関係で社会科見学の用地選定も難しくなる。社会科部で候補を挙げておくとよい。その際、申込時期も経営計画などに記載しておくと親切。

主な候補地（横浜市の場合）

3年	崎陽軒　各地域のスーパー・商店街　川崎日本民家園　横溝屋敷 舞岡公園古民家　本郷ふじやま公園　都筑民家園
4年	各消防署　神奈川県警・通信指令室　各浄水場　宮ケ瀬ダム 各焼却工場　資源選別センター　ランドマークタワー
5年	日産自動車追浜工場（当たらない！）　日産自動車横浜工場 水産技術センター（三浦市）　情報文化センター　三菱みなとみらい技術館
6年	市歴史博物館　県立歴史博物館　三殿台遺跡　埋蔵文化センター 国会議事堂　最高裁判所　憲政記念館　江戸東京博物館 お金があればキッザニア

　各区の社会科部で情報を共有しておく。

（小川幸一）

3-4 算数科主任

先手必勝4月1日から

1．主任になったら、これをぜひやりたい

教科書を基本に授業を進めることや計算スキル等優れた教材教具を広めたい。

2．算数少人数担当としての1年間

　東京都では、担任以外に一人、算数少人数担当を加配でとっている学校が多い。算数少人数の担当は、3 (2) ～6年の授業を担任とともに行う。そのため、算数少人数担任が若くても算数主任になることが多い。以下、算数主任当時の仕事を箇条書きする。少人数算数を実施するための準備が多い。

①算数授業の進め方を学年ごとに提案、確認する。
　→新年度。ドリルやプリント、宿題の出し方、テストの仕方。ノートの使い方。
②学年初めに少人数算数授業のオリエンテーションを行う。
③単元ごとに、コース分け名簿を作成。
　（学級数の多いところは、担任に任せた方がよい）
④週案、単元計画を配付し、学年担任と簡単な打ち合わせをする。
⑤算数教材室、教室を整備する。
⑥予算案を作成し、必要な算数教具を揃える。
⑦算数の時数報告や調査の報告。

3．始業式前に攻める

　算数少人数として直接多くの学年に授業でかかわるので、どの学年ともこれから1年間どうやって授業を進めていくのか確認をしていく必要がある。ただし、学級担任は学級事務で忙しい。管理職も忙しそう。

> 管理職に提案文書を事前に見せて、味方になってもらう。
> 学年が忙しいときに手伝いつつ、先回りして提案してしまう。

　4月1日、算数の準備は、誰よりも早くしているというオーラを示すことで、こちらが主導権を握ることができ、提案が通りやすくなる。以下、少人数算数担当として提案した確認事項である。

少人数算数　確認事項

　　　　　　　　　　　　　　　　　　　　　　　　　少人数算数担当
　　　　　　　　　　　　　　　　　　　　　　　　　平成○○年4月1日

1．授業
（1）1単元は、①レディネステスト　②単元内容　③単元テスト　で組み立てる。
（2）1時間の展開は、基本的に　①教科書の例題　②教科書の練習問題　③ドリルで行う。
（3）単元の初めには、学年と少人数担当で打ち合わせをする（T2が打ち合わせに加わることもある）。
（4）単元の終わりには、反省をする。
（5）レディネステスト、単元テストと振り返りカードは、学級で行う。

2．評価
（1）評価資料を少人数担当が渡し、評定は担任が行う。
（2）コースを担当した者が各担任に「関心・意欲・態度」の評価を渡す。
（3）単元テストは、少人数担当が丸付けをし、評価一覧を担任に渡す。
（4）レディネステストは、学級担任が丸付けと得点を出し、少人数担当に渡す。
（5）振り返りカードは、担任がサインをし、成績資料として活用する。
（6）テスト返し・直しは、月に1時間とり、学級で行う。

3．教材・教具
（1）ノートは学年で統一させ、どの子もゆったり書きやすいものにする。
（2）テストは、子どもにとって見やすい、分かりやすいものにする。
（3）ドリルは、授業時間内にできる量のものにする。Cコースの子たちは、1ページ全てできなくてもよいことにしたい。2、3問でもよいので、確実に解けたら、賞賛したい。
（4）児童の学習用具は、教科書・ノート・ドリル・鉛筆・定規・赤鉛筆を基本にする。

＊限られた時間なので、授業の開始に遅れないよう学級で指導をお願いします。
＊何かで算数教室を使う場合は、教えてください（基本的には、教員がいないときは入れません）。

ドリルは宿題にしたいとか、テストの点数入力は算数少人数担当にやってほしいなどなど、学年によって要望がいくつか出る場合もある。が、提案の一部でも通れば、その後の1年間はスムーズに流れる。

4．教具の整備

年度当初に算数の教具が学級から戻ってきているか確認をする。

教具は学年別に、単元ごとに使うものを分けて置いておくと、自分が授業で使うときも、貸し出すときも分かりやすい。加えて、教具の一覧表を作成していると、何を貸し出しているか確認したり、学校に不足している教具に気付いたりできる。不足している教具は、予算化して補充をする。

年度末には、全学級の教師用コンパス、三角定規等を一度回収する。全学級の状況を確認した上で、新年度に配付をする。

（千葉美和）

理科主任 3-5

理科室を整備する

1．主任になったら、これをぜひやりたい

授業のしやすい理科室を整備して、理科好きの子が集まる理科室を作ろう。

2．授業のしやすい理科室

　理科主任になって、理科室経営を任されたら、理科室を授業のしやすい部屋に整備したい。物のない理科は、理科の授業とは言いがたい。理科の授業では、物の準備が重要である。授業のしやすい理科室は、物の準備がしやすい理科室である。

①**備品の整備**〈消耗品等は単元ごとにコンテナ箱にいれる〉

　理科室に備わった備品を使うのか、学年で実験キットを買うのか、それを決めるのは、各学年の実際に授業をする授業者である。授業者が使い勝手のよい方を選択すべきである。

　専科が授業をする場合と、担任が授業する場合でも異なる。例えば、3年理科の豆電球にあかりをつける電気の学習で、使う物は、「豆電球・導線・乾電池・ソケット・電気を通すもの・電気を通さないもの・アルミ箔・スイッチ作りの道具、その他」である。このような物を、単元をひとまとめにして、コンテナ箱に収納する。

②**道具を戻しやすい理科室**〈ラベルを書きコンテナの両側に貼る〉

　各単元のコンテナ箱に収納をする。ラベルは太めのビニルテープ（幅50 mm）を用いる。黄色テープが最も見やすい。図工室にある大きめのカッターマット（A3程度）に、ビニルテープを並べて貼り、決めた長さ（4 cm程度）でカットをする。

　コンテナ箱に貼る場合は、箱の片方だけではなく、両側にラベルを貼る。忙しい中だと、どうしてもしまうときに箱の向きを気にしなくなってしまう。両側にラベルがあれば、どちら向きにしまっても、問題がなくなる。

3　学校の大切な柱「教科領域主任」

③**規格が統一された理科室**〈型番を意識する〉

　顕微鏡を指導するときに、様々な機種があると指導の手間が増える。2種類の顕微鏡があると手間は4倍、3種だと9倍くらいに増える感じがある。

　規格を統一していないと授業中の小さな問題に対応しきれなくなる。誰もが授業しやすい理科室作りには、規格の統一は必須である。準備室の棚には、メーカーや型番までラベルやメモに書いておくと、新規に追加するときに同じ物を揃えることができる。

　豆電球も、定格電圧によっていくつも種類がある。手回し発電機用の豆電球と、乾電池用の豆電球は異なる。コンデンサー用も別の豆電球を用いる。3年生の豆電球にあかりをつける学習は、1.5 V。4年生の直列並列つなぎは、2.2 Vか2.5 V。手回し発電機はフィラメントが丈夫な6.3 V。コンデンサーは電圧が低いので2.5 Vを用いる。それぞれの種別に収納して、電圧と用途までをラベルに書いておくと、規格統一されて誰もが使いやすい理科室になる。

　理科室経営には、100円ショップのカゴや容器も活躍する。そのときも、気に入ったグッズがあったら、型番もメモをしておく。カゴも型番が違うと上手に重ならないことがある。ちょっとしたズレが、授業中に響くことになる。

3．理科好きな子が集まる理科室

　理科専科ならば、休み時間に理科好きな子が集まる理科室にしたい。先生が理科室にいるときには、休み時間も理科室に来られる理科室だとよい。
〈用意するもの〉
①水槽の魚や昆虫などの飼育
②植物の栽培（観葉植物　葉から芽が出るセイロンベンケイソウ・水栽培）
③覗ける展示（実際に顕微鏡や虫めがねを覗ける展示は人気がある）
④触れる展示（触ってよい展示は子どもに人気である。星座早見板。雲を作る）
⑤理科の本（子供の科学　たくさんのふしぎ　ニュートン　わくわくずかん）
⑥タブレットやPC（優秀な理科アプリ　教師の管理下で全て自由にはしない）
⑦貸出グッズ（虫取り網）
⑧科学おもちゃ（博物館の売店などで買えるもの）

（村田　淳）

物を用意し、思う存分使えるようにする

1．主任になったら、これをぜひやりたい

全ての子どもが、思う存分学習できるように、多くの必要な物を揃える。
使いやすく物を揃え、その物を一人１つ使うことができれば、十分な体験を伴った学習をすることができる。

2．生活科室が必須、無理なら生活科スペースを確保

　生活科室には、生活科の学習で使う物を置いたり、実際にその教室で活動したりすることがある。もし、生活科室がないのであれば、生活科室の新設を管理職にお願いすることだ。

　それでも生活科室ができないのであれば、廊下の突き当りなど生活科の学習で使う物を置くスペースを確保したい（刃物など危険なものがある場合は、別途鍵のかかる場所に保管する）。いつも決まった場所にあることで、低学年のどの学級にとっても使いやすい環境ができるのであり、特定の学級に置いておく必要もなくなる。

3．物を用意しておく

　生活科の学習では、物が必要なことが多い。生活科の物を用意するときのポイントは、２つある。

①必要な物を揃える
②使いやすく整頓する

①必要な物を揃える
　大抵の物は、学校の備品としてあるだろう。ただし、壊れやすい物やなくなりやすい物は、不足していれば予算委員会に購入希望を出すことだ。今まで１・２年生を５回担任したが、不足していたり、学習中に壊してしまったりした物は、以下のもので

ある。
- ●羽子板の羽　羽の部分が壊れやすい。またどこかに飛んで行ったり落としたりして無くなりやすい。今後の予備も含めて、多めに買ってもらう。
- ●虫かご　捕まえた虫を飼ったり、観察したりするために多くあった方がよい。ただ、ぶつけてしまうと、すぐにヒビが入ってしまったり割れてしまったりする。低学年は気を付けていても、ついぶつけてしまうことが多い。学習中に二人に１つ使えるくらいあるとよい（40人学級であれば、20個）。また、虫かごは、理科部のものを使うのではなく、生活科部で用意したい。使いたいときに虫かごがないなどということを防ぐことになる。また、管理の責任の所在もはっきりしてよい。
- ●虫取り網　虫取り網は特に壊れやすい。棒状のものを持つとつい戦いを始めてしまったり、振り回してしまったりする子がいる。指導者の事前指導も当然必要だが、壊れやすいものだという覚悟も必要となる。
- ●虫めがね　虫めがねも、理科部ではなく生活科部として用意しておきたい。昨年度、生活科部として１つもなかったので、１学級分（40個）を買ってもらった。一人１つ使って学習することで、学習時間を十分に活用したり、自分がしたい学習を十分にしたりすることができるのである。
- ●わくわくずかん「こんちゅうはかせ」「しょくぶつはかせ」（正進社、420円）

手のひらサイズの昆虫図鑑、植物図鑑である。全員分がなかったので、昨年度追加で買ってもらった。小学校での学習で使いやすいように、学校や学校周辺で観察することができるものが掲載されている。また、写真ではなくイラストで書かれているため、とても見やすい。

私の学級では、一人１冊持って、校庭に出た。「しょくぶつはかせ」を片手に、見つけた植物の名前や特徴を知ることが簡単にできた。

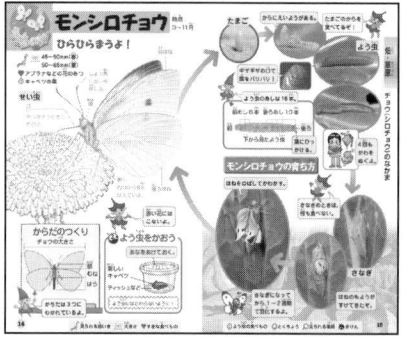

②使いやすく整頓する

　いつも使いやすいように整頓することは、子どもの学習にも大いに関係することだ。いつでもすぐに学習が始められる環境を整えておくことが生活科主任の務めでもある。

　生活科室には、生活科で使うものだけでなく、1・2年生だけが使うものも備えておくとよい。勤務校では、1・2年生の音楽は担任が指導するので、楽器も生活科室に用意してある。また、図工で使う絵の具や筆も、併せて管理するとよい。

　空きロッカーを活用して、カゴ等を必要に応じて使うと整頓しやすい。また、右のようなカートがあると、道具の移動が楽になる。

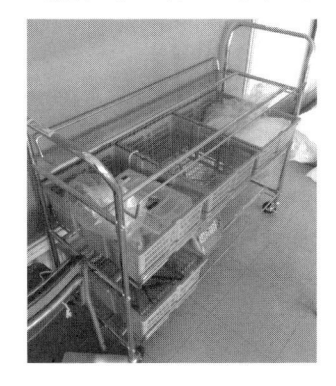

ロッカーを使うと、整頓しやすく、見た目もよい。

牛乳パックも、1つ1つ整頓するには便利である。

図工の道具も揃っていると便利。

楽器もこのまま運ぶことができる。

（大門貴之）

3　学校の大切な柱「教科領域主任」　61

3-7 音楽科主任

> # 音楽は学校行事の要！　音楽科経営

1．主任になったら、これをぜひやりたい

> 学校行事では、とにかく音楽が重要。学校全体の音楽科経営を通じて、歌声のあふれる学校にする。

2．年間の見通しを立てよう

　音楽主任のやりがい。それは「歌声のあふれる学校作り」だ。学校行事の要は音楽（と体育）といっても過言ではない。裏を返せば、

> 音楽科は、とにかく忙しい。

のだ。今の勤務校に異動して、初めての音楽主任になった。何をしたらいいのか分からず、とりあえず関係ある行事を全て書き出してみた。
　すると、出るわ出るわ。行事の数々。複数学年の指導、カリキュラム、楽器の管理に加え、行事での指揮・伴奏など。学校によっては、音楽朝会や今月の歌、校内音楽会、特別クラブの運営と指導、他の学校との折衝などが付け加わることもある。
　そんな音楽科をうまく運営していくためには、1年間の見通しを持つことが重要である。いつやるのか。

> 4月の年度初めに、年間計画と役割分担をする。

とよい。

3．1年の計は4月にあり！　4月初めにすること
①年間計画を立てる
●年間行事（大人が指揮・伴奏）

- 年間行事（子どもが指揮・伴奏）
- 音楽朝会
- 特別クラブ

を、月別に分けて書き出していく。指揮・伴奏の必要があるものについては、担当も決めてしまう。

	校内行事（大人）	校内行事（子ども）	音楽朝会	特別クラブ
4月	始業式 指： 伴： 入学式 指： 伴：	1年生を迎える会	6年	合唱クラブ

② **楽器の管理**
- 壊れているものはないか（特にタンバリンや鈴などの小物楽器、マレット、鍵盤ハーモニカ）
- 足りないものはないか（楽器、各教室用オルガン、貸出用吹口やリコーダーなど）
- 購入希望の予算請求（前述の壊れているもの、足りないものの中から、優先順位を決めて購入希望を出す）
- 担当を決める

③ **音楽朝会の予定**（取り組んでいる場合）
- 年間計画を立てる（今月の歌の選曲、CD作成）
- 指揮・伴奏の分担　　● 歌詞の作成　　● 楽譜の配付

4.「ひとりぼっち」になるな！

　このように、音楽主任はとにかくやることが多い。だが、音楽部以外の職員にとっては、ある種特殊な、手を差し伸べにくい分野であることも事実だ。さらに音楽部員は少人数のことが多い。学校によっては一人の学校もある。はっきり言って、孤独である。だが、ぜったいに一人で抱え込んではいけない。

> ぜったいに「ひとりぼっち」になってはいけない。

　音楽科運営の中心は音楽主任だが、クラスで取り組んでもらえること、協力してもらえることは山のようにある。学校全体を暖かい歌声で包んでいけるようにがんばっていこう。

(木下恭輔)

3-8 図工科主任

消耗品との戦い

1．主任になったら、これをぜひやりたい

「○○がない！」と言われないストレスゼロの学校作りをしよう。

2．消耗品との戦い

　図工科主任は消耗品との戦いである。その点、理科主任と同じである。各学年の単元を見通して必要な用具を揃えておく。図工で大変なのは年間計画の単元名を見てもどんな活動なのかさっぱり分からないことである。

例)「ようこそ、キラキラのせかいへ」→何が必要？　さっぱり分からない！

　4月当初に図工部員で教科書をパラパラ見ながら予算に出すものをリストアップする。また教科書会社のホームページを見ると年間指導計画が掲載されているので、必要な用具を洗い出しておく。

　準備室に保管されている接着剤やグループ絵の具など、パッと見ありそうで、実は中身は空っぽだったなんてことがよくある。これも4月のうちに棚卸しをしてリストアップしておく。各学年の職員に必要な用具をリストアップしてもらったことがあるが、きちんとリストを出してきたことなんて一度もない！　あきらめよう。

　事務職さんが理解のある人なら、図工用の消耗品用として金額の枠をあらかじめ決めておき、買える分だけのちのち買っていく方がストレスが少なくてよい。

3．準備室をどうするか

　図工準備室は理科室と同じで何らかの仕掛けをしておかないとすぐ荒れる。絵画系、工作系、版画系、彫塑系、木工系など大雑把なカテゴリーを決め、図工室および準備室の用具配置をする。できれば各学年の棚も用意しておくと、それぞれの学年の用具の置き場所となり便利。低学年は主に教室で図工をすることが多いので準備室から直

接、物の出し入れができるよう配置する。

　表示は黄色のテープに黒の太マジックででかでかと書く。棚全体の写真をとっておき、上部に貼っておくと片付けのときの目安になる。

　用具を教室に持っていくときのために、図工室入口にホワイトボードを設置し、持ち出しのときに必ず書いてもらうようにする。用具が学年で重なったときなど所在をはっきりさせておいた方がよい。

　画板などかさばる用具については廊下などに棚を置き、ストックするようにすると、邪魔にならないし写生のときにもわざわざ準備室に入らなくてよいので便利だ。

４．作品展の準備

　各区で毎年、ぐるぐる展（巡回図工展）が行われる（横浜市の場合）。平面作品は夏休み明けまでは返却せずに各学年でとっておいてもらった方がよい。夏休みまでには各区の図工研究会でぐるぐる展のコンセプトがはっきりし、担当者から連絡がある。間際になって作品を描いてもらうことのないよう声掛けしておく。掲示方法としてラシャ紙複数枚を連結して貼ることが多い。事務職員にも伝えておく。

　また、市の図工展に各学校から数点出品することになる。持ち回りで立体作品になることもあるので、区の担当者の連絡に注意しておく。

　搬入搬出については、タクシーを使わないと届けられないときもある。副校長にお願いすると公費から出してもらえる。

５．校内の掲示

　学校によっては校内の掲示板に代表の子どもの作品を掲示することがある。年間の計画を立て、各学年で割り振っておくとトラブルがない。

　授業参観・懇談会の前には、各学級の前に作品を展示することになる。名札など学校で統一して大量に印刷しておくと皆助かる。廊下に掲示するときは廊下の一番上部からクリップでつなげて掲示することが多い。ところが、木の枠でないと画鋲で一番上の部分が止められない。ガムテープを内側に追ってクリップで止められるようにするとつるせるが、壁が傷む。技術員さんに相談すると別の方法を考えてくれるかもしれない。

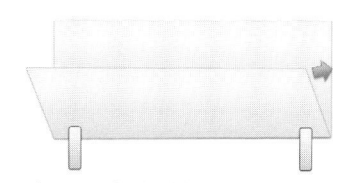

ガムテープの粘着部分を半分残して２つ折りにする。粘着しているところを壁に貼る。でも、壁が傷む！

６．夏休みの作品募集

　毎年、夏休みの作品募集がある。６月くらいから主任のもとに申し込み資料が送られてくるのでストックしておく。夏休み前に国語部と相談して作品募集のプリントを作成し、各家庭に配付する。全ては掲載できないので担当者が選択することになるだろう。

　個人の考えとして参加賞が必ず出るものだけにしている。作品募集も所詮は各企業各団体の宣伝である。参加賞を出すくらいの意気込みがなければ受け付けぬ！

（小川幸一）

体育科主任 3-9

「安全を作り出す」が第一の仕事

１．主任になったら、これをぜひやりたい

全校児童がけがをしない環境作りをする。

２．一に安全、二に安全、三四に安全、五に安全

　体育の年間指導計画の企画・立案、校庭・体育館の配当・調整、運動会・水泳大会・球技大会の企画立案、体育大会の伝達、その他様々な大会の運営など、体育主任の仕事は、多岐にわたる。
　しかし、その中で最も大切な仕事は、「安全」な環境を整えることだ。体育の授業において、最も重要なのは、「安全」だ。体育主任が、その環境を責任を持って整えるのである。

「安全を作り出す」ことが、最も重要な第一の仕事である。

３．朝会のときに遊具の安全をチェック

　校庭の遊具の点検は、数ヶ月に一度、点検し教育委員会に報告をしなければならない。しかし、それだけでは不十分だ。

毎週、朝会を校庭で行っている学校では、その前か後に校庭を１周し、遊具を必ず見て回るようにする。

　ジャングルジム、上り棒、雲梯、鉄棒、逆上がり補助器の確認、また、サッカーゴールの設置具合を確認するのも言うまでもない。昨日大丈夫でも今日はどうか分からない。そのぐらいの気持ちで見て回ってちょうどよい。

体育主任が自分の目で確認するのが一番だが、体育部全員で見て回るのもよいし、そのシステムを作るのもよいだろう。とにかく遊具は頻繁に安全をチェックしなければならない。

4．「ねんざしない」グラウンド
　当然のことだが、校庭の整備は運動会前だけではない。体育の授業は毎日行われる。常にねんざしないグラウンド整備を心がけなければならない。

| 委員会活動の常時活動で校庭整備を行う。 |

　体育委員会の常時活動で、子どもたちに校庭整備を行わせる。そのためには、常日頃から校庭の状態をよく把握しておかなければならない。雨の日の後のグラウンドの状態を見るのが一番よい。
　高い場所からスコップで土を削り一輪車にのせ低いところに運ぶ。トンボとブラシで平らにする。最後に、ブラシでトラックを1周させる。中学校や高校の部活の校庭整備をイメージするとよい。もちろん小学生では行き届かないところもある。足りないところは後で体育部が行うのである。

| トラックのコースロープは、気が付いたらすぐに張り替える。 |

　一番危険なのは、トラックの切れたロープ、緩んだロープだ。そのままにしておくと、体育の時間だけでなく、休み時間に校庭で遊ぶ子どもたちにとっても危険である。気が付いたらすぐに取り換えるようにしよう。また、気が付いたら知らせてもらうよう他の先生方全員にお願いしておくことも必要である。

5．「生きた床」の体育館
　「生きた床」とは、「キュッキュッ」と音がする床のことだ。そのくらい床を磨きあげるということだ。床のモップがけを体育委員会の常時活動で行う。また、掃除の時

間に必ず行うのは、言うまでもない。さらに、

> 体育館のワックスがけを職員作業で行うことを提案する。

　最低でも1年に1回、体育館のワックスがけを職員作業で行うのである。

6．「水質が一定に保たれた」プール
　水泳学習の時期、プールの水質を一定に保つことは体育主任の最も重要な仕事である。授業を行う当該学年が抜かりなく水質の検査を行うことができるよう役割分担やチェック表を作るなどのシステムを作ることはもちろんだ。しかし、それを学年に任せきりにするのでなく、常に確認をするようにすることが大切である。

　朝、出勤したらまずプールに行く。空き時間にもプールに行く。退勤前にもプールに行く。ゴミや虫が浮いていたらその都度こまめに取る。そのぐらいの配慮が必要だ。そうした姿勢は他の先生方にも必ず伝染する。子どもたちが、気持ちよく水泳学習ができるプールを作りたい。

7．同じ規格のものを揃えていく
　消耗品、備品の購入時に気を付けることがある。それは、同じ規格のものを購入するということだ。規格がバラバラでは、子どもに力を付けさせるという教師の仕事が十分にできない。購入時には、現在あるものと同規格のものにすべきである。

（松永忠弘）

3-10　家庭科主任

> # 家庭科は物と場の整備がキー

1. 主任になったら、これをぜひやりたい

> 子どもたちがワクワク楽しみにしている家庭科の学習を成功させるポイントは、「物」と「場」の整備である。家庭科主任は家庭科室の管理をして、「物」と「場」を整備することが重要な仕事となる。
> 年間のカリキュラムを確認した上で、物の管理を進め、家庭科室利用のルールを決めると1年間スムーズに進めていくことができる。

2. カリキュラムの確認

　カリキュラムを確認することで、題材に合わせた備品、消耗品を準備することができる。家庭科のカリキュラムを確認する際、次の2点に留意する。

①2年間の系統性の確認

　家庭科では、2年間を見通して題材を扱っていく。そのために、年度の初めに5年生で扱う題材、6年生で扱う題材を明確にしておく。
　例えば、ミシンでの製作のときに、それぞれの学年で何を作るのか確認しておかないと、5年、6年と同じものを作るということも起こりうる。例えば、5年では、ミシンの直線縫いに慣れるためにランチョンマットを作り、6年ではその学習をいかして手さげやナップザックなどの袋物を作るというように、易から難への系統を考えて題材を決める。

②行事、他教科との関連の確認

　家庭科の学習にも学校行事や他教科とつながる題材がある。消費の学習は、修学旅行のお土産の購入の時期に行うと、家庭科で立てた購入計画を実践することができる。社会科の米の学習の時期にごはんの調理実習を行うことで、より自分の生活と産業のつながりを感じることができる。宿泊学習で野外炊事を行う場合、家庭科で調理の練

習を行うことも考えられる。家庭科は時数が少ない。なので、行事や他教科と関連させて授業を行うには、年度初めに年間の計画を立てて題材の配当を行う必要がある。

3．物の管理
①備品の管理
(1) 備品の確認　2年間の題材に合わせて、備品、消耗品が揃っているか、使える状態であるか確認する。例えば、炒める学習ではフライパンが必要となるが、使用状態によってはフライパンの持ち手がぐらぐらしていたり、金属部分が傷んでいたりして交換が必要な場合がある。また、住まいに関する学習では、照度計を使って明るさを調べるなどの活動を行うと座学に終わりがちな題材も楽しく学習できる。調理、裁縫以外の題材に必要な備品も揃っているか確かめる。

さらに、調理の手順、裁縫の製作の手順などの掲示物も確認しておくと安心だ。とくに、ミシンでの製作のときは、手順に従った段階ごとの見本が子どもの学習を支える役割を果たす。もし、製作予定の段階見本がない場合は、直前になって慌てて作るのではなく、時間のあるときに準備しておきたい。

(2) 数の確保　子どもの人数、班の数に合わせて、なべやフライパン、おたまといった調理道具、ミシンの台数などが足りるように手配をする。学年によって人数の変動がある場合は特に注意する。また、個別支援級の児童も家庭科の学習は交流級で学習することが多い。その場合、1クラス40人を超えることもありうるので留意する。

お皿などは割れたりすると数が足りなくなるので、毎年確認が必要だ。予備の分まで揃えるようにする。

(3) メンテナンス　使用する際、困らないように道具のメンテナンスを行うことも大事な仕事だ。家庭科室の備品は、家庭と違って毎日使われているわけではない。メンテナンスを怠ると、まな板にカビが生えたり、包丁、フライパンに錆が浮いたりする。ミシンのコードが断線して電源が入らないということも起こる。そこで、調理実習前には、「包丁は研いでおく」「まな板は消毒する」など児童が安全に衛生的に学習できるように準備を整える。

ミシンの学習に入る前には、業者に連絡し、ミシンの点検を済ませておく。学校で購入しているミシンも保証期間なら、年に一度の点検は無償で行ってもらえる。しかし、保証期間が過ぎているとお金がかかることもあるので、4月の段階で確認し、必要な場合は予算を配当してもらう。

②消耗品

　調味料、ミシン糸などの消耗品も毎年確認が必要だ。調味料は賞味期限もあるので、その年に必要な分だけが必要な時期に届くように手配する。調味料には油や塩だけではなく、味噌汁の学習に使う味噌や煮干しなども入る。公費で買えるのか、学年費で買うのか、4月に確認しておく。

　また、たわしやスポンジ、布巾も衛生面から題材の学習ごとに取り換えたい。洗剤は、詰め替え用を購入することが多い。初めに容器いっぱいに入れると子どもたちがどんどん使ってあっという間に使いきってしまったことがあった。面倒でも実習の都度少しずつ補充するのがポイントである。

　これは、塩、油などの調味料も同じである。余分な調味料があると、ふざけて濃い味付けにしたり、調味料をそのまま食べてみたりすることがあった。班ごとに容器を準備しておき、実習で必要な量だけ補充して使わせる方がよい。

4．家庭科室利用のルール

　家庭科専科がいる場合はいいが、そうでない場合は家庭科室の管理がずさんになりがちである。専科がいる場合でも、生活科などで家庭科室を利用することもある。そこで、誰でも気持ちよく使えるように、家庭科室の環境を整備し、利用の際のルールを決めておく。次に例をあげる。

① 道具の片付け方

　棚に入っているものの名前を貼り付けておく。食器など、班ごとに片付けるものは、整理された状態の写真を撮って貼っておくと子どもたちが片付けるときにも元の場所に返しやすい。

②食材の管理の仕方

　調味料などの置き場所も誰が見ても分かるように置き場所に名前を書いたシールを貼っておく。また、子どもが調理実習のための食材を持ってきたときにどのように保

管するのかも大切である。「3、4時間目に実習がある場合は、朝のうちに班ごとにまとめて冷蔵庫に入れさせる」など教員で共通理解を図っておく。

③ **流しの片付け方**

　流しの排水溝は生ごみがつまったままになることがあるので、必ず教員がチェックする。流しの中を濡れたままにするとにおいのもとになるので、しっかり乾燥させることも大事である。

④ **生ごみの捨て方**

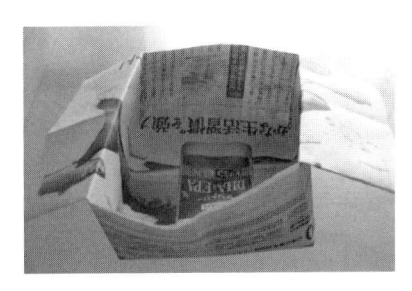

　新聞紙で生ごみ入れを折って、各班に配る。調理の際は、そこに生ごみを捨てさせ、最後の片付けの際にまとめてごみ袋に入れさせる。新聞紙が水気を吸うので、生ごみを捨てに来るときに周りを汚しにくく、におい予防にもなる。さらに、まとめた生ごみをどこに捨てるかも確認しておく。くれぐれも家庭科室に置きっぱなしにしないようにする。

⑤ **冷蔵庫の使い方**

　冷蔵庫で困るのは、使いかけの食材が残ったままになることである。そこで、実習が終わったら、中身は空にすると決めておく。

⑥ **布巾の使い分け方**

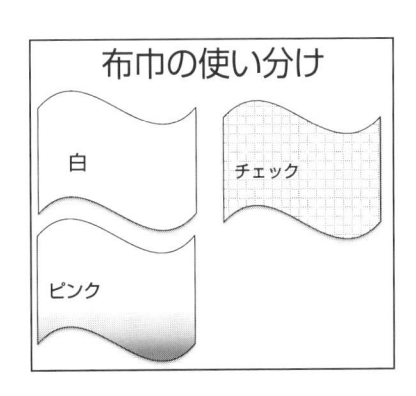

　食器用、台ふき用、コンロ周り用は使い分けたい。色や柄が別の布巾を用意し、どれが何用か掲示すると誰が見ても使い分けが分かる。

　ルールを明確にしておくと、子どもだけでなく、初めて家庭科を教える教員にも使いやすい家庭科室になる。

（平　眞由美）

3　学校の大切な柱「教科領域主任」

3-11 総合的な学習の時間主任

年間計画とストック

1．主任になったら、これをぜひやりたい

立体的なまち作りのために年間計画を作り、材をストックしよう。

　横浜の場合、年間 105 時間の時数に対し、35 時間は外国語にかかわる授業で使われる。総合主任の仕事は、残りの時間の年間計画を作り、各学級がどのように使っているか実態調査し、確認する仕事となる。

　総合でもっとも大変なのは、材集めである。材集めとは端的に言うと「人とのつながり」集めということができる。総合の学習の中で子どもは、まちの中の様々な人たちとつながっていく。お年寄り、町内会・自治会、福祉施設。そのつながりは子どもが成長するとそのまま、まちの中の立体的なつながりとなっていく。総合主任はまちの未来を見据えて学校の中の実践を積み重ねていくことになる。

　お勧めなのが社会科主任との兼任である。扱う材に重なりがあるため、社会・総合の資料室を作り、材にかかわる資料をストックしておくと職員全体で共有しやすくなる。

2．年間計画を作る

　3年生以上の年間計画をチェックし、総合の年間計画を作りたい。細かいものを作りすぎても窮屈に感じられて実施されない。そこで、ある程度自由度のある年間計画にする。

年間計画例

学年	4月	5月	6月	7月	8・9月	10月	11月	12月	1月	2月	3月
3年	まち探検をしよう（生産・販売）				まちの良さを発信しよう（観光）				昔の暮らしを調べよう 伝統文化を調べよう（調べ学習・伝統文化）		
4年	横浜の開港について調べよう（調べ学習・伝統文化）				みんなが住みよいまちってどんなまち？（調べ学習・伝統文化）				二分の一成人式を成功させよう（キャリア）		
5年	自然環境を守る(動物・植物)（調べ学習・環境）				地球環境を守る（CO_2、温暖化）（調べ学習・環境）				公害から環境を守る（調べ学習・環境）		
6年	私たちにできることを探そう：スピーチコンテスト（国際理解）				情報を正しく使おう（調べ学習・情報）				感謝の気持ちを伝えよう・卒業式（キャリア）		

3．事後カリキュラムを作る

　弾力的な年間計画のもとに、それぞれの学級ごとに授業実践が行われるので、アンケートをお願いして事後カリキュラムを作る。

　その際、地域や公共施設と連携することになる。必ず連絡先を入れてもらうようにすると、後々の職員が調べる手間が省ける。交渉する際も「以前お世話になったのですが……」と話を切り出しやすい。

　前期に１回、後期に１回アンケートを取ると、何かと後回しにされる総合をきちんと実施する、という意識づけにもなる。何年分かが蓄積されると非常に使えるカリキュラムになる。

4．材をストックする

　社会科主任と連携し、社会科・総合資料室を作る。そこにそれぞれの職員が使用した資料を保管するようにする。100円均一などで売っているボックスを公費で大量に購入し、書棚に並べておく。オモテの表示には学年と整理番号、単元名などを表示しておく。事後カリキュラムにも保管したボックスの番号を記録しておくようにすると非常に有効なものとなる。

(小川幸一)

3-12　道徳主任・道徳推進教師

平成30年度道徳の教科化に向けて

1．主任になったら、これをぜひやりたい

道徳の時間で有効だった教材と中心発問を集め一覧にしたい。
職員で共有し、○○学校・道徳研究冊子を作りたい。

2．特別な教科　道徳の授業の原則

　人間の生き方の原理原則とは何か。TOSS道徳では次の5つを指す。

【生き方の5原則】	相手のことを心から考えよう。
	弱いものをかばおう。
	世のため人のためになることをしよう。
	自分にできることをしよう。
	先人に学ぼう。

この5原則を幼児期から中学校に至るまで、繰り返し巻き返し教えていかなければならない。この5原則が子どもの心に届き、具体的行動に結びつくようにしなければならない。そのためには次の3つが必要である。
「力のある資料」「力のある授業」「体験・知見に支えられた語り」こそが、道徳の授業の中で子どもたちの本音を引き出す。
　また、学習指導要領解説には、次のように述べている。

教材から読み取れる価値観を一方的に教え込んだり、登場人物の心情理解に偏ったりした授業展開とならないようにするとともに、児童が道徳的価値を自分との関わりで考えることができるように問題解決的な学習を積極的に導入することが求められる。

　問題解決的な学習をもとに、子どもたちに自己を見つめる時間を確保しなければな

らない。道徳の授業のパターンを紹介する。

3．わたしたちの道徳・副読本・読み物教材を活用する

「わたしたちの道徳」をはじめとした読み物資料や書き込み資料は、子どもたちが問題解決する上で貴重な資料になる。学年問わず、道徳の授業で子どもたち自身がお互いの道徳的価値に気付き、オープンエンドの授業を行うことができる。1時間の流れは、以下の通り。
①物語のあらすじを捉える
②主題を考える
③主題と似た自分の体験を話し合う
④互いの体験から、道徳的価値の交流を行う、意見の違いを認める
⑤授業の学びをまとめる

4．発問の工夫

　話し合いの中で、一番重要なことが中心発問である。軸がないまま話し合わせても、道徳的価値は、交流せず子ども自身の自己の振り返りが弱くなる。
　よって、道徳の発問をいくつかに分類し、教材ごとに使い分けることが必須である。どれもが、個々の価値を共有させる発問になり得る。
●場面（人物の気持ちや行為の理由など）を問う
　例：○○はどんな気持ちか。そのとき○○は何を考えているか。
●人物（主人公の生き方など）を問う
　例：○○はどんな人で、この生き方をどう思うか。○○についてどう思うか。
●資料（資料の意味や持ち味など）を問う
　例：この話にどんな意味があるか。この話をどう思うか。言いたいことは何か。

5．教材の提示

　力のある教材の1つに動画がある。当時の人物の背景や人間関係など分かりやすく整理されているがそのままでは活用できない。授業資料（動画）を導入・展開・終末に分けて提示すると同時に、子どもたちに以下の活動を取り入れていく。ただ、見ているだけでは子どもたちの思考は深まらない。
①討論　　②意見の整理　　③自己の振り返り、自己を見つめる

まずは、動画を切り取りながら子どもたちにとって不要な情報を削っていく。
同時に、教材を見せる順番も検討していく。そうすることで授業の主張点が明確になり、子どもたちの多様な道徳的価値を引き出すことができる。

6．道徳授業後の記述例

教科化になれば当然、通知表に所見を書くことになる。それぞれの記述例を紹介する。

①資料の登場人物の葛藤を自分のことにように捉え、そのときその状況下では、どのように判断することがよかったのか根拠に基づいて考え積極的に話し合いに参加していました。

②ノートに自分の考えを書くことで親切について自らの考えをじっくりと深めたり整理したりすることができました。

③学校で友達と遊ぶ自分のことを振り返り、友達がいるから楽しく生活できることを知り、お互いに助けあっていけるような友達になりたいという願いを持つことができました。

上記の所見に、共通していることは、次の3点である。

---

①自分のエピソードを書いているか。
②自分の学びや成長が見えるか。
③道徳の時間の積み上げができているか。　　　（「道徳教育」2015年2月号より抜粋）

7．文末の2つ表現の型

①〜できるようになってきました

　道徳の記述には、できるだけ個人の成長が子どもたち、保護者が読んだときに実感できるものにしたい。○○が育ってきている、○○が表れてきています。○○が高まってきています。○○が身についてきています。

　道徳の変容を長期的に見取ることが今後必要になってくる。

②〜できます

　○○する心を持っています。○○を生かすことができます。○○が表れています。

　子どもたちのよい点や進歩の状況を文章で発信していくことが道徳教育の充実に関する懇談会でも挙げられている。

（橋本信介）

特別活動主任　3-13

校内の特活システムを作り稼働させる仕組みを作る

1．主任になったら、これをぜひやりたい

> 特別活動主任の醍醐味は、子どもを通して学校を変えていくことができるところ。子どもと向き合いながら、子どもの意見が反映される学校を作る。

2．特活主任が動かなくても稼働するシステムを作る

　特活の内容は、学校全体の活動に関わるものが多い。クラブ活動、委員会活動、行事、児童会活動、集会活動、代表委員会などがある。学級活動以外は全校に関わるものである。これら全てに常に関わっていては、特活主任が何人いても足りない。そのためには、特活主任が動かなくても、稼働するシステムがあればよい。そのシステムのためには、「分担」と「周知」が必要である。

①分担

　私は、特活部員の先生と4月の初めに仕事の分担をしている。仕事分担して、担当を決めるのである。以下のように一覧にして、最初の打ち合わせで担当者を決めていく。

- ●委員会活動　　　　（　　）先生
- ●クラブ活動　　　　（　　）先生
- ●代表委員会　　　　（　　）先生
- ●児童運営委員会　　（　　）先生
- ●縦割り活動　　　　（　　）先生
- ●全校遠足　　　　　（　　）先生
- ●1年生を迎える会　（　　）先生
- ●6年生を送る会　　（　　）先生

　また、担当者がその仕事を全てやるのではなく、必要が生じたら声をかけたり、言い出しっぺになったりすることを確認している。

3　学校の大切な柱「教科領域主任」

②周知
「委員会の立ち上げの手順」「クラブの指導者、活動場所一覧」などは、きちんと伝えることである。打ち合わせで伝える、職員会議で伝える、職員室に掲示して伝えるなど、様々な手段を用いて周知していく。周知することで、特活主任の仕事がスムーズに進むだけでなく、学校全体の特活関係の仕事がスムーズに進む。

3．仕事を細分化する

　分担をしても仕事内容がはっきりしていなければ、システムは稼働しない。私は、年度初めにチェックシート式にして特活部の方と細分化した仕事内容を確認している。以下は、委員会活動、クラブ活動の場合の細かい仕事内容である。

①委員会活動　（　　　）先生
　□設置する委員会決定
　□職員会議提案
　□各学級の定員決定
　□担当者決定
　□委員会一覧表作成、各学級へ配付、職員室に掲示、学校経営計画用を提出
　□委員会カード作成、印刷、配付（各学級へ）
　□委員会ファイル整理
　□委員会名簿用紙用意（委員会ファイルに入れておく）
　□評価呼びかけ（9月・2月）
　□評価集約、入力（10月・3月）

②クラブ活動　（　　　）先生
　□職員会議提案
　□クラブ決め指揮（後述）
　□クラブカード作成、印刷、配付（各学級へ）
　□クラブファイル整理
　□クラブ名簿用紙用意（クラブファイルに入れておく）
　□クラブ活動場所決定、周知
　□クラブ集合場所決定、周知

□クラブ一覧表作成、各学級へ配付、職員室に掲示、学校経営計画用を提出
　□評価呼びかけ（9月・2月）
　□評価集約、入力（10月・3月）

4．一気にカタをつけるクラブ活動の立ち上げ方

　クラブ活動の立ち上げで大変なのは、子どもたちへの予備調査による設置クラブ決定と、人数の調整である。

　以前、年度末に1回、年度初めに2回、計3回の子どもたちへの「希望クラブ調査」を行ったことがある。子どもたちができるだけ希望のクラブに入ることができるようにと思ってやっていたが、膨大な作業量であった。もちろん時間もかかった。これを負担したのは、特活主任だけではない。各学級担任の時間も多く削ってしまった。

　よい方法はないかと予備調査回数を減らしたり、希望者が少ないクラブを希望する児童を回って私が話を聞いたり、説得したりしたこともある。時間がかかるばかりであり、子どもとの話がうまくいかずこじれてしまうこともあった。

　そんな折に、地域の特活研究会でクラブの立ち上げ方について教えていただいた。それも、一気にカタをつけるクラブ活動の立ち上げ方である。

　予備調査は1回。無記名で、学年ごとに各クラブの希望人数さえ分かればよい。この調査結果で、設置クラブ候補を決める。そして、4、5、6年生が一堂に会する時間を1時間設ければ、子どもたちのクラブの所属が決まるのである。その方法を知ってからは、毎年同様の方法で行っている。

クラブ活動立ち上げについて、以下の手順・日程で行う。

①クラブ活動について各クラスで説明（4・5・6年の各学級にて）
●クラブ活動の目的
　「クラブ活動を通して、望ましい人間関係を形成し、個性の伸長を図り、集団の一員として協力してよりよいクラブ作りに参画しようとする自主的、実践的な態度を育てる。」（学習指導要領より）
　「児童が、教師の適切な指導の下に作成した活動計画に基づいて、異なる学年の児童が仲よく協力し、創意工夫を生かしながら自発的、自治的に共通の興味・関心を追求することを楽しむ活動である。」（同解説編）
　上記を踏まえ、

「教師の指導のもと、同じ興味関心を持つ児童同士が、協力し、自主的にクラブを計画、運営する」ことが本校のクラブ活動の目的としている。
各学年に応じて説明したり、目標を持たせたりさせていきたい。

②**新しいクラブを作りたい場合の方法について、各クラスで説明**
● 校内で呼びかけてよい。
● 新しいクラブができる条件は、10人以上、各学年がいること。
● クラブの数の都合で、条件を満たしても必ずクラブが成立するとは限らない。

③**クラブ呼びかけ期間をとる**
● 新しいクラブを作りたい児童は、昇降口掲示板にポスターを貼ったり他学年に呼びかけたりしてよい。ただし、ポスターを貼る場合には、担当者に見せ許可を取る。
● 以上について、4・5・6年担任が学級にて児童に伝える。

④**クラブ希望調査をとる**
● 4・5・6年担任は、各クラスで希望調査をとり、集計する。
● 放課後、集計結果を記入したものを担当者に提出する。

⑤**特活部が集約する**
● 各クラスの集計の結果を集約する。
● 今年度設置するクラブの候補を特活部で決定する。
● 設置候補のクラブ名を画用紙に書く。
● クラブの仮の担当者を決める。

⑥4・5・6年担任が、今年設置するクラブの候補を各クラスで伝える。

そして、以下で一気にカタをつける。

⑦**児童のクラブの所属を決める　6校時（体育館）**
● 4・5・6年生が集合（1・2・4・5・6年担任と、級外の先生も）。
● 設置候補のクラブ名を書いた画用紙を、体育館の壁に貼っておく
● 特活部が進行する
● 手順
（1）クラスごとに整列
（2）クラブの目的について
（3）設置予定のクラブについて
（4）クラブ成立の条件について

（5）移動1：希望するクラブの看板前に移動
（6）仮の担当者が、各クラブの学年ごとの人数を数え、進行役に伝える。
（7）特活部で、調整するか相談する
（8）1回目の移動結果を伝える。
　　「条件を満たさない○○クラブは、2回目の移動で成立しない場合があるので、第二希望を考えておくように。」
　　「人数が多いクラブは、一人ひとりの活動時間が減るので、移動することを勧めます。」
　　と、説明する。
（9）移動2：若干移動すると考えられる。
（10）所属クラブを確定する
（11）仮の担当者とともに、その場で、クラブ長、副クラブ長、書記を決める（記録しておき、終了後特活部に伝える）。
（12）クラブごとに解散し、教室に戻る。

（大門貴之）

3-14 外国語主任

日本の英語教育の一翼を担う！

1．主任になったら、これをぜひやりたい

　地域によっては、1年生から外国語活動に取り組んでいる。中学校の先生からは、「以前に比べて、AET（Assistant English Teacher：英語指導助手）と積極的に話し、英語を話すことに抵抗がなくなってきた。」と聞いた。小学校での英語教育は、今までの英語教育を変えようとしつつある。

> 外国語主任になったら今までの英語教育を打破し、子どもたちが将来、国際社会で堂々と渡り合っていけるようなコミュニケーション能力を育んでいきたい。

2．仕事内容

　以下は、私の勤務する地域の場合である。地域によって違いがあるだろうが、参考になる点は多くあると思う。

①日程表の作成

　4月初旬に講師と勤務日が決定する。それに基づいて日程表を作成する。次のようなイメージである。外国語活動講師は、3校もしくは2校あたりに1名配置なので、あらかじめ他校と何曜日に配置するか決めておくとよい。

　5、6年生の外国語活動が何曜日か決まっていれば、体育館や特別教室割り当てがスムーズに進む。逆に、早めに決めておかないと体育館や特別教室割り当てが進まない事態や、外国語と体育館や特別教室割り当てが実は

	日時	1校時	2校時	3校時	4校時	5校時	6校時	給食	行事等
1	4月14日(火)	5-1①	5-2①	6-2①					
2	4月15日(水)	4-2①	避難訓練	4-1①	2-2①	2-1①			
3	4月21日(火)	1-1①	5-2②	1-2①		5-1②	6-1①	5-1	6年 状況調査
									3・4年 視力
4	4月28日(火)		5-2③	3-1①		5-1③	3-2①	5-2	6年 歴博
									1・2年・個 視力

27年度 YICA予定表(4月～7月)

重なっていたという事態が後で生じかねない。
　ちなみに、日程表は1年分、もしくは半年分を作っておくことをお勧めする。先に作っておけば、水泳や運動会の日程と重ならないからである。

②名札の用意
　2～6年生は、今までの名札を使用する。1年生については、入学にあたって必要な教材の中に含め、購入する。

③教材「Hi, friends」の配付（5・6年生）
　配付後、教育委員会に報告する。

④打ち合わせ&給食のお知らせ
　職員室黒板にてお知らせする。

⑤翌週のレッスンプランの提出（外国語活動）（4月の説明会で説明がある）

⑥月末勤務表（国際理解）
　毎月、勤務表を教育委員会に提出する（説明会で教えてもらえる）。

⑦国際平和スピーチコンテストのサポート
　6年生担任に、スピーチコンテストの概要を伝える。国語の「平和のとりでを築く」と関連させると、指導がスムーズになる。スピーチコンテスト前に朝会などで、スピーチを発表する機会を設ける。また、代表者の原稿はコピーして保存しておけば、翌年の指導の参考にもなる。
　その他、当日の会場までの移動方法、給食の時間、応援児童の人数や保護者の参観の有無についてもあらかじめ確認が必要となる。

⑧外国語活動講師・国際理解教室講師を迎える会／送る会
　5、6年生から実行委員を募り、会を運営する。外国語活動講師と国際理解教室講師の日程を調整し、1日で済むようにする。

ウェルカム集会

1. 日時　5月8日（木）　8時30分～8時45分　　体育館
2. 内容　司会　（Aさん）
   ①レイ先生、ジョー先生入場　（校長先生のエスコート）
   ②始めのことば（司会）
   ③校長先生より
   ④インタビュー（Bさん・Cさん）
   ⑤先生の挨拶
   ⑥歌のプレゼント（Hello song）
   ⑦終わりの言葉（司会）
   ⑧レイ先生、ジョー先生退場　（校長先生のエスコート）

グッバイ集会

1. 日時　3月19日（木）8：30～8：40　各教室（テレビ放送）
2. 内容　（司会：児童実行委員　　放送：視聴覚部）
   ①始めの言葉
   ②校長先生のお話
   ③お礼の言葉・花束贈呈
   　　レイ先生……6年生　言葉（　　　）花束（　　　　）
   　　ジョー先生……5年生　言葉（　　　）花束（　　　　）
   ④レイ先生のお話・ジョー先のお話
   ⑤歌「グッデーグッバイ」
   ※お二人の先生が3階、2階、1階の順で廊下を回られます。廊下に出て迎えます。
   　4階の児童は西階段を使って1階に降りてください。
   ⑥終わりの言葉

3．職員会議提案資料

平成○○年度　YICA（外国語活動）実施計画

1．AET、英語サポーターの紹介

AET		国際理解	
●名前	○○○○	●名前	○○○○
●出身	フィリピン	●出身	インドネシア
●勤務日	毎週火曜日　隔週水曜日	●勤務日	木曜日
●業務	外国語活動の授業・教材作成		

2．年間時数予定

	1年	2年	3年	4年	5年	6年	個別
外国語	15	15	15	15	30	30	15
国際理解	5	5	5	5	5	5	5
YICA	20	20	20	20	35	35	20

※勤務地の教育課程に基づいています。
　他の地方自治体では、5・6年生の外国語活動35時間が基本となります。

3．外国語活動予定、打ち合わせについて
●打ち合わせには、学年最低1名は参加するようにしてください。
　短い時間ですので、あらかじめ指導案に目を通していただくようにお願いします。
　場所：職員室　　時間：火曜日16時まで、水曜日15時まで、放課後

4．その他
①教材・教具は職員室前にあります。
②日程は学年内で変更可能です。変更した場合は、大石までご連絡ください。
③1～4年生は教育委員会発行の事例集Ⅱ、5～6年生は「Hi, friends」を基に授業を行っていきます。
④T1は学級担任です。
⑤何か困ったことや質問、意見は担当○○までお願いします。

4．英語教材の保管

　トピックごと、ケースに教材をストックしていく。絵本やフラッシュカード、かるたは、全学年共通して使えるというよさがある。

英語教材保管棚

トピック名を表示したケース

ケースの中

(大石哲久)

88

4

すぐにまわってくる
学年主任

4-1　学年主任の役割

> # 1学期先を見通す
> # 仕事を割り振る

1．主任になったら、これをぜひやりたい

> 一緒に組んでいる先生たちの得意な分野を活かし、かつ、授業に力を注ぐ学年団にしたい。
> そのために、効率的な授業準備、そして、無駄・無理のない学年行事等の取り組みをしたい。

2．学年主任の仕事とは①「1学期先を見通す」

先を見通すという点で言うと、

- **教務主任は1年間を見通す**

ことができる。というか、できていないと教務主任の仕事をしたとは言えない。

では、学年主任はどうか。

> 学年主任の仕事とは①　1学期先を見通す。

ことができていることが大切である。もっと、具体的に言おう。

- **4月の時点で、夏休みまでのことが見通せる（重要な行事、教科の進度等）**

ことができていなければならない。若手の先生に、4月の時点で12月のことや年度末の3月のことを語ったり、指示したりしても、無理だし、無駄である。

では、何とか夏休みまで各学級がたどり着いたとしよう。今度は、どこを目指すのか。そう、冬休みである。

- **8月の時点で、冬休みまでのことが見通せる**

ことができていなければならない。そして、

- **1月の時点で、修了式までのことが見通せる**

ことができていなければならない。要は、学年の先生より、少しばかり先が見通せることが大切なのだ。

3．学年主任の仕事とは②「仕事を割り振る」

次の学年主任の仕事は、

> 学年主任の仕事とは②　仕事を割り振る。

である。何でも自分がやればよいというものではない。もちろん、任せて歯がゆいことも数多いだろうが、学年を構成する各担任の技量・経験に応じて仕事を割り振って、それぞれの先生の経験値を高めることが大切なのである。

自分でやった方がはやいし、できばえもよいかもしれないが、もし仕事を割り振らなかったら、その先生は経験を積むことができないのである。それは、「罪」なことではないか。

それぞれの先生の力を集めて、やりくりして１年間の仕事をやり遂げることが学年主任の仕事なのだ（割り振って、仕事を任せた方が、ずっとずっと「楽」ができるのだ）。

4．学年主任の仕事とは③「一緒に謝る」

以下は、私の私見である。４月、初めての学年会で、私は、いつもこんなことを言っていた。

「学級、学年の子どもたちのために、思い切りやってください。きっとうまくいくと思います。でも、もし、うまくいかなかったり、失敗したりして、保護者らからクレームが来たら、私も一緒にあやまりに行きます。お約束します。きっとだいじょうぶです」

事実、これまでに２回、担任の先生とともに、子どもの家を訪問し、一緒に謝罪したことがある。一番しんどい場面にこそ、学年のリーダーである学年主任が一緒について、行うべきだと思う。

> 学年主任の仕事とは③　一緒に謝る。

（渡辺喜男）

4-2　1年生学年主任

1年生は、シングルエイジの最終期

1．主任になったら、これをぜひやりたい

「こんな子だって知らなかった」「引き継ぎを受けていない」
このような言葉を毎年1年生担任から聞くときがある。要は、関係機関との連携が取れていないからこのような状況が生まれるのである。
5年前、幼稚園・保護者・療育機関、誰もが書き込みができる連携シート（個別カリキュラムシート）を主任になり作成した。

2．年間行事と1年生のイベント担当を割り振る

　学校の行事を1年生には、ゼロから教える。学級の状態によっては、蓋を開けてみて支援が必要なお子さんが複数存在した中でスタートする場合もある。段取りをつけ、見通しを持っていれば突発的なトラブルにも慌てずに対応できる。以下、書き出してみる。
①名簿・名前・下駄箱・ロッカーのチェック
②集団下校時刻チェック
③入学生の流れ、各役割分担のチェック
④学習道具の不備、数のチェック
⑤学級掲示の最終確認
⑥1年間の学年通信の役割分担決定
⑦懇談会資料作成役割分担、授業参観のネタを紹介
⑧保護者への対応確認　主任には必ず報・連・相を行うこと
⑨年間行事担当一覧作成（※運動会・遠足・6年生を送る会など）
⑩夏休み・冬休みの宿題確認
⑪学年目標の設定
⑫要配慮児童への対応・個別支援計画の共通理解

⑬生活科で使用する野菜・植物の注文
⑭給食・掃除方法の確認
⑮使用教材の選定と学年会の設定（※学年会では、レジュメの準備）
⑯昨年度の年間計画及び教育実践を全て洗い出し、一覧を作る

　以上に挙げた仕事を４月には全て完了して印刷し、学年ノートに貼っておく。学年主任の仕事は、４月が大半を占める。
　学年を動かすことは、組んでいる先生方が動きやすいように流れを作ることである。誰が何をするのか、最後まで示しその都度フォローしていくことこそが主任の仕事である。１年生の場合、丁寧な保護者対応も学校現場では求められるので子育て交流会なども懇談会で交流してもよい。

３．短期指導と長期指導

　高学年の荒れは、低学年の対応のこじれがほとんど原因しているといっても過言ではない。学習障がい、行為障がいなど要因を持っている子どもたちに対して誤った対応が長年続くと高学年では、その代償が返ってくる。当然、子ども自身は、なにも悪くない。個々の子どもたちの問題を早期発見・早期対応ができるシステムがあればよい。実際に、そのようなクラスを担任し、１年生こそ短期指導と長期指導の設定の重要性を感じている。

①短期指導

　１学期、前期は、ひらがなを習得する時期だ。いわば、３ヶ月かけてゆっくりと丁寧に指導を続けていく。根気よくという言葉が似合う。
　指導をしていると、書字活動に抵抗を示す子、文字認識が弱い子、その他様々な要因を持っている子どもを発見することが多々ある。
　発見の次は、対応である。個々に対応せず主任として学年で情報交換する場を設ける。その後、特別支援コーディネーターに提案する。個別の時間や言葉の教室での指導を提案し、学校全体として子どもの自己肯定感を高める指導に切り替える。
　１年生のスタートというこの時期に子どもの特性を保護者に伝えることで、保護者は素直にありのままに子どもの特性を受け止めることができるのである。高学年で同様な話を持ちかけると間違いなく拒否される。

「うちの子、漢字で100点を取れないとずっと思っていました」

以前担任した、書字活動が苦手な6年生の保護者の言葉だ。主任として上記に紹介した視点を持って各クラス、担任へのサポートを行っていきたい。

②長期指導

子どもも1年生だが保護者も子育て1年生だ。長期指導で主任が注意しておくことは、保護者を味方につけるということである。

長い6年間の学校生活、1年目から保護者との敵対関係になるとその後、6年間は学校として大きなリスクを伴うことになる。学校から、担任から要求ばかりが突きつけられると保護者の協力、信頼さえも得られない。だからこそ、必要なのが信頼関係を築くための主任としてのアプローチである。

特別支援コーディネーター同様に、学年で起きたトラブルで保護者とのケース会では必ずそれぞれの席の配置も考える。担任を保護者の横に座らせ、ともにトラブルについて解決していく姿勢を作る。学校は敵ではない。ともに問題を共有し解決していくというスタンスを1年目で守っていくことで長期指導が6年間成立し、機能していくことになる。

4．低学年こそ非認知スキルを高めよう

知能指数や学力など数値化が可能な能力を認知スキルと呼ぶのに対して気質や性格など目に見えない力を総称して非認知スキルという。非認知スキルこそ、小学校生活の間に低学年から高められ、大人になっても必要でかつ重要な能力の1つになっている。非認知スキルとは、思いやりや協調性、やり抜く力、社交性、自制心、勤勉性など人間が生きていくために大切な能力全般を指している。

2000年度施行の幼稚園教育要領には、教育目標として生きる力の基礎となる心情、意欲、態度が掲げられており遊びや先生、友達とのふれあいの大切さが指摘されている。以下の3点について保護者会で交流し学校でも非認知スキルを高められるようにしたい。

①習慣化
②将来の目標に対する内発的な動機
③家族や周囲の影響

習慣は、朝6時に起きる、甘いものは食べないなど簡単なことからでよく、継続することで鍛えられる。また、将来の目標に向けてのモチベーションは、意志力の維持につながり、節制が利いた前向きな人が家族や周囲に多いと、自制のレベルが高まる。

（橋本信介）

	定義	側面
真面目さ	計画性、責任感、勤勉性の傾向	自己規律、粘り強さ、熟慮
開放性	新たな美的、文化的、知的な経験に開放的な傾向	好奇心、想像力、審美眼
外向性	自分の関心や精力が外の人や物に向けられる傾向	積極性、社交性、明るさ
協調性	利己的ではなく協調的に行動できる傾向	思いやり、やさしさ
精神的安定性	感情的反応の予測性と整合性の傾向	不安、いらいら、衝動が少ない

（出所）ヘックマン＝カウツの論文から作成

4-3　2年生学年主任

2年生主任は、生活科で先を見通す

1．主任になったら、これをぜひやりたい

効率よく計画的に仕事をするよう学年に働きかけることで、自由に使える時間を生み出す。学年全体に余裕を生み出す。

2．学年主任の仕事は、まず「先を見通す」

　初めて学年主任になると分かったとき、TOSS横浜例会後の懇親会にて「学年主任で一番気を付けることは何か？」と質問をした。一番答えが多かったのは、

先を見通して学年の仕事をする。

ということであった。そして、「3ヶ月先を見通して、今すべきことをやる」ということを教えていただいた。実際に学年主任を務めてみて、先を見通すことで慌てずに仕事をすることができた。学年主任2年目からは、

4月に、年間のおおまかな流れを作り、今すべきことをやる。4月に、年間のおおまかな流れを作り、今すべきことをやる。

長期休み（夏休み、冬休み、春休み）までを見通して、今すべきことをやる。

というサイクルで学年主任業を行っている。2年生学年主任としては、先を見通して以下のことをすべきである。

4月（年度初め）＆夏休みまで
　□遠足の場所の確保（予約）
　□遠足の交通手段の確保（予約）

- ☐ 学年目標決め
- ☐ 学年共通のルール決め（持ち物、筆箱の中身など）
- ☐ 学年予算執行計画の確定
- ☐ 副教材の決定
- ☐ 図工教材で購入が必要なものの決定
- ☐ 個人で育てる野菜苗（ミニトマト、枝豆など）の集約、注文
- ☐ 学級や学年、班で育てるさつまいも苗の注文・さつまいもの栽培計画
- ☐ 学年便りの分担
- ☐ 運動会での仕事分担
- ☐ 運動会での表現運動、団体競技の決定
- ☐ 水泳学習での仕事分担
- ☐ 雨の日の過ごし方の確認
- ☐ 1年生との交流会（生活科）の回数や考えられる内容
- ☐ 町探検（生活科）の行き先と、引率者（級外の先生にも来てもらえるか）
- ☐ 授業参観、懇談会の内容
- ☐ 評価について

冬休みまで
- ☐ 評価についての確認
- ☐「学校を開く週間」の取り組み
- ☐ きょうだい学年での集会や交流
- ☐ 学級イベントや集会
- ☐ 学習発表会の計画、仕事分担
- ☐ 読書月間の取り組み
- ☐ 遠足の計画、仕事分担
- ☐ さつまいもの収穫、調理方法、処理

春休みまで
- ☐ 大きくなったわたし（生活科）の取り組み方
- ☐ 評価についての確認
- ☐ 最後の授業参観、懇談会の内容
- ☐ 学級の終わり方

3．そして「感謝する」

　学年主任になってから特に意識しているのは、学年の先生に「感謝する」ことである。感謝はしていても、声に出して感謝を伝えることが大切である。「ありがとうございます。」「感謝しています。」「本当に助かります。」「○○先生と学年が組めて幸せです。」など、感謝の気持ちを毎日伝えることだ。

　万が一、自分の方が仕事を多くしていると思ったとしても、その方のお陰で学年運営ができているのである。もし自分が楽だなと感じたとしたら、それは他の学年の先生がその分の苦労をしているという証拠である。感謝の気持ちを言葉で伝えることが学年団成功の秘訣である。

（大門貴之）

3年生学年主任　4-4

早めの準備でギャングを制圧！

1．主任になったら、これをぜひやりたい

計画を早めに出し、「○○どうする？」というゼロからの出発ではなく、「○○はこうしたいのだけど、いかがですか？」と全てに先手を打ち、やりたいことをやる。

2．最初の学年研で大まかな年間計画を

「来年度は３年生の主任をお願いします」と３月末に言われることが多いと思われる。春休み中は、前の３年生の学年研ノートを読む。３年ぐらいさかのぼれば、ものすごく細かく書いてくださっている方がいるので参考にするとよい。

ノートや年間学年行事をもとに、最初の学年研資料を作成する。ここで、大まかな年間の見通しを決めてしまうのだ。自分の思うままにまずは提案してしまうことである。その後、意見を聞きながら調整していけばよい。どうしようかと聞いていたら、何時間あっても時間は足りない。

３年前に、３年生の学年主任をした、最初の提案文書を以下に示す。途中、四角で解説が入る。

平成24年度３年生学年研　　　　　　　　　　　　　　　　４月２日

1．学年目標　　わたしもいいぞ　あなたもいいぞ　みんないいぞ　３年生
　　　　　　　（I am ok! You are ok! We are ok!）
2．学年経営について
　①学年全体を３人で指導する。情報交換を密にする。
　②学年の子どもの名前を覚える。
　③配慮を要する子については、概略を把握し、共通理解する。
　④配慮を要する子についての指導の具体的な方針を立てる。
　⑤保護者との連絡を密にする（即時対応。必要があれば、家庭訪問も行う）。

4　すぐにまわってくる「学年主任」　99

⑥最低限のことは揃えるが、基本的には学級の個性を生かす。ただし、揃えた方がよいことは順次相談して揃える

3. 会計　　　学年（A）　行事（松木、行事担当者）
4. 教科分担　← ここは相談する。組んでいる方の適性が分からないことがあるからである。
　　国語（　　）　　算数（　　）　　社会（松木）　　　理科（松木）
　　音楽（　　）　　図工（松木）　　体育（松木）
　　道徳（　　）　　総合（　　）　　外国語（A）
5. 宿題について
　　出す・出さないは自由にするか学年で統一するか？
　　松木：日記・漢字・算数間違い直しの３点セットを基本とする。
6. 教材選択　← この段階で、見本を事前にとっておいて提案。見に行ってどれにする？としない。
　　●あかねこ漢字スキル　●あかねこ計算スキル　●国算理テスト（正進社）
　　●うつしまる君　社会のテストは自作する。
　　●書き方の冊子を取るか？　とるならうつしまる君
7. 行事分担　← 大変なことは全部引き受けるつもりで。他人任せにしない。
　　●運動会　　◎表現（松木）　　◎団体競技（A）　　◎個人競技（B）
　　●水泳学習　◎全体指導（松木）◎救護（A）　　　◎連絡（B）
　　●つくし野アスレチック　　　　　松木
　　●森永お菓子工場見学またはチーズ工場　A
　　●畑　　　　　　　　　　　　　　松木
　　●なし園の見学　　　　　　　　　松木
　　●歴史博物館見学　　　　　　　　松木(昔の暮らしの展示がなければ行かない)
　　●卒業式掲示物　　　　　　　　　A
　　●伝承遊びの会　　　　　　　　　松木
8. 学年便り　「I am ok！You are ok! We are ok!」
　　４月　松木　　５月　A　　　６月　B　　　７月　松木　　夏休み　A
　　９月　B　　　10月　松木　　11月　A　　　12月　B　　　１月　松木
　　２月　A　　　３月　B　　← 学年便りもこの時点で分担してしまう。

3．教科の見通しを持つ
①理科
　生き物単元が多いので、その場その場では対応できない。先回りしておく必要がある。４月にやっておくことを紹介する。

（1）昆虫の単元に向けて、プランターにキャベツの苗を植える。タマゴが付いたら教室に持っていってもよい。観察がしやすい。
（2）オクラ、ホウセンカ、ひまわりの種を買う。
（3）カイコをするつもりなら、学校に桑の木があるかどうかチェック。桑の木がなければ、カイコはお勧めしない。
（4）カイコのタマゴはシルクセンター（横浜市の場合）に問い合わせる。インターネットで「シルクセンター」と検索すれば出てくる。
（5）昆虫と草花のポケット図鑑があるかどうかチェック。なければ予算委員会で昆虫の図鑑を頑張って一人1冊買ってもらう。正進社『わくわくずかん「こんちゅうはかせ」』『わくわくずかん「しょくぶつはかせ」』がお薦め。
（6）柑橘系の木が学校にあるなら、アゲハが来る。アゲハの卵を手に入れれば飼育は楽。卵を入れて、柑橘系の木の葉を絶やさないようにするだけでよい。

②算数
　かけ算を使う単元が多いので、かけ算がどれくらいできるかを年度当初に学年全体にチェックするように促し、できがよくなければ、かけ算を毎日数分フラッシュカードなどで復習する。

③社会
（1）学区の地図があるか確認。屋上に上り、東西南北に何があるかを確認。時間があるなら、事前に学区探検をする。
（2）商店の学習は、早い段階で、見学などのアポイントを取る。
（3）横浜市内であれば、森永（横浜市鶴見区）の見学がお薦め。センター北駅の歴史博物館や川崎の東芝未来科学館とセットにする。
（4）昔の暮らしでは、七輪や洗濯板があるか確認。洗濯板は100円ショップにも売っているので、思い切って二人に1つくらい買ってしまう。

4．その他
①授業は一番早く進め、うまくいったこと、いかなかったことを伝える。
②率先して何ごとも行う。自分のクラスだけでなく、全クラス分やるつもりで。

（松木康将）

4-5　4年生学年主任

学級経営のつもりで学年経営を

１．主任になったら、これをぜひやりたい

若手の発案でおもしろい学年のイベントをサポートする。

　自分ではなく若手発であること。自由でチャレンジできる雰囲気があるからこそできる。

２．学年も１つの学級のつもりで！

　学年主任初めての頃は「○○しなければならない」「主任だから……」と気を張ってしまって、同学年の同僚に気を遣いすぎてしまったり、逆に意見を押し付けてしまったりしてうまくいかなかった経験がある。そのため筆者は、学年経営も学級経営と同じように考えるようにしている。

　４年生は、学年で動く行事が他の学年よりもたくさんあるからなおのことである。そのようにすれば気負わずにすむし、自分自身の良さも発揮しやすい。子どもの意見を取り上げて生かすように同僚の意見を取り上げ、子どもの行いを褒めるように同僚の行いを褒める。

　そして、子どもと仲よくするように同僚とも仲よくする。学級同様、楽しい場作りが一番重要である。

３．具体的な仕事内容
① １年間を見通す

　年間指導計画を参照し、行事や学習内容を洗い出す。どの時期にどんなことをすればよいのかというイメージを持つことが大事である。

　４年生で特に注意したいのは社会科見学である。浄水場の施設、ゴミ焼却場、消防署、警察署、地域の歴史が分かる場所など社会科の授業の一環でいかなければいけない場所がたくさんある。どの時期にどこに行くかをまず決める。

そして学校の年間計画と照らし合わせながら、各施設に連絡をとり4月初めのうちに予約を入れておくのである。後になればなるほど予約で埋まり予定を組むのが難しくなるからである（また、理科でプラネタリウムに行く学校も多いはずである。これも一緒に押さえておく）。

②やりたいことを話し合う

　やらなければいけないことに追われて仕事をするのもいいが、自分たちで計画し新しいことにチャレンジすることで、同僚の意欲もわくし、学年もまとまる。

　学期末、学年末に「4年全体で何かイベントをやろう」という話をする。具体的なものが出てきたら決めてもいいし、出てこなくても「やりたいことを実現していくことができる」と思わせることが大事である。

　今年度、筆者の学年では、紅白歌合戦や、学級ごとの演劇発表、スポーツ大会をやりたいという声があがったので実際に企画し、実行した。

③主な行事の担当者を決める

　運動会、二分の一成人式、学年会計、遠足、音楽会、学年特別企画（②の内容）、決めたら全て任せてはいけない。いつまでに何をするのかを学年で確認し、予定通りに進めていくよう示すのが重要な仕事である。

④学年経営案の作成

　たたき台を作って提案し、学年の意見を聞いて修正していく。

⑤学年便りの発行・担当の月を決める

　どんな順番で誰が書いてもいいと思う人もいるだろう。学年初めはみんなすることがたくさんある。そういうときであるからこそ、4月の初めの学年便りは、「私が作ります。」と学年主任が言うことが大事だと思う。

　まずは学校全体の仕事。その後、学年の仕事、個人の仕事は後回しにしなければならない。学年経営案や、②で話し合ったことをもとに決まったこと、教師の思いを学年便りにも載せるのがいいであろう。

⑥一緒に教材研究を

4年生は、見学に行くことも多いし、初めて彫刻刀を用いて版画に取り組む。筆者の場合は、図工の教材研究はいつも一緒に行っていた。主任の学級の児童の作品は指導され出来がよく、若い教師の児童の図工の作品は、指導が入っていないようではいけない。廊下に飾ってある作品の違いを子どもたちも分かってしまうからである。また、技術的な指導の差の結果が目に見えて分かるのも4年生の図工だからである。
　若手の教材研究に一緒につきあい、図工の指導のしかたをはじめ、日々の授業の中でここぞと思う教材、自分が伝えられる分野では一緒に行うとよい。国語で言ったら「ごんぎつね」「新聞にまとめる」、社会でいったら「校外学習、見学」、体育では学年で楽しめる内容を考えていく。

4．信じて任せてさりげなくフォロー

　若手には「少し大変かな」と思う仕事を、適正を見て思い切って任せる。「あなただったらできる」「このアイデアはすごい」など、いいところを見つけて認めて褒めていく。
　しかし、基本的なフォーマットや仕事の指針は確認しながら大きな失敗がないように修正していく。自分がやった方が早くても任せるのである。仕事の楽しさや達成感を味わってもらう。その積み重ねが学年運営だと考える。
　1つの仕事が終わったときはねぎらいの言葉をかけて、放課後には甘いものを一緒に食べたり、子どものおしゃべりをしたりする（もちろん子どもの悪口以外のおしゃべり）。
　学年経営も学級経営のつもりで、みんなで経験して共有して成長していくのだ。

（内海里美）

5年生学年主任　4-6

行事にあたふたしない！
ゆとりオーラを放つ5年主任

1．主任になったら、これをぜひやりたい

次から次にやってくる行事にあたふたしない。勤務時間外の学年研はしない。見通しを持った余裕のある学年経営。授業や行事をとことん楽しむ！

2．春休み中に行うこと

　5年生は、子どもたちが活動の主体となる大きな行事が多い。いきあたりばったりで、それらに対処していたら、息切れしてしまう。そうならないために、以下のことを行い、1年間のイメージを持っておく。

①**前年度、前々年度の記録**（学年研ノート、校外学習の資料等）**を全て読む。**
　1年間の流れを、全て頭に入れる。疑問点をピックアップしておく。
②**会計簿に目を通し、大まかなお金の使い方を考える。**
　お金の使い方を知れば、1年間のおおよそのイメージがわく。もちろん、学年メンバーの中に、会計担当を置くが、主任は全てを把握し、見通しを持っておかなくてはならない。
③**ピックアップした疑問点を中心に、校内の5年主任経験者に、話を聞く。**
　3月中にならば、話をする余裕がある。5年主任だと分かった瞬間に、①と②の作業をできるだけ早く行い、疑問点を明確にした上で、話を聞くようにする。

3．4月1日に配付した学年研資料

　以下、4月1日に学年メンバーに配付した学年研資料である。1年間の主要な役割を全て決めてしまう。
　5年生は、とにかく行事が多い。学年メンバー全員が1年間の見通しを持てていれば、余裕を持って準備ができる。主任の仕事を一言で言えば、「見通しを持つことと、メンバー全員に見通しを持たせること」である。

平成○○年度5年生　　　　　　　　　　　　　　　　　　　4／1　学年研

1．学年目標　　Strength & Kindness　（強さと優しさ）
　　　　　　　※レイモンド・チャンドラーの格言
　　　　　「If I wasn't hard, I wouldn't be alive.
　　　　　　 If I couldn't ever be gentle, I wouldn't deserve to be be alive.」

2．学年経営について
　①学年全体を3人で指導する。情報交換を密にする。
　②学年の子どもの名前を覚える（5月連休明けまで）。
　③配慮を要する子については、概略を把握し、共通理解する（4／6まで）。
　④配慮を要する子についての指導の具体的な方針を立てる（5月連休前まで）。
　⑤保護者との連絡を密にする（即時対応。必要があれば、家庭訪問も行う）。

3．始業式までの主な学級事務
　●学年（学級）便りの作成　●掃除当番と給食当番　●朝の会・帰りの会の内容
　●当番活動・係活動　　　　●出席簿・保健簿の押印　●名前シール作成
　●週案作成

4．会計　　学年（　　）　　　行事（　　）

5．教科分担
　　国語（武田）　算数（　　）　　社会（　　）　　理科（　　）
　　音楽（　　）　図工（　　）　　体育（　　）　　家庭科（　　）
　　道徳（　　）　総合（　　）　　外国語（　　）　　情報（　　）

6．宿題について
　①日記　②音読／漢字　③算数（3問以上）　の3点セットを基本とする。

7．教材選択
　　●あかねこ漢字スキル　●あかねこ計算スキル
　　●国算社理テスト（正進社）→【A社】　●社会科資料集（正進社）
　　●話す聞くスキル→【B社】　●図工教材　●裁縫セット→【C社】
　　●理科実験教材　→【D社】

8．行事分担
　　●愛川体験学習　　　　　　（武田）
　　●自動車工場見学　　　　　（　　）☆
　　●ふれあいコンサート　　　（　　）☆
　　●米作り　　　　　　　　　（武田）

- 球技大会　　　　　　　（　　）★
- スポーツテスト　　　　（　　）★
- なわとび大会　　　　　（武田）
- 学習状況調査　　　　　（　　）○
- あゆみ　　　　　　　　（　　）○
- 異学年交流【7月】　　（　　）●
- 学年集会【3月】　　　（　　）●
- 卒業式　　　　　　　　（武田）

〈宿泊体験学習関係〉
- 渉外（武田）　●会計（　）　●式全般（　　）　●ディスクゴルフ（　）
- ウォークラリー（　　）　　●キャンプファイヤー（武田）
- 食事指導（武田）　　　　●藍染め（　　）　●ダム（　　）

〈運動会〉　●表現（武田）　●団体競技（　　）　●個人競技（　　）
〈水泳〉　●全体指導（武田）　●救護（　　）　●連絡（　　）

9．学年間の共通事項

① 「教えて褒める指導」を原則とする。子どもたちの自尊心を高める。
② 叱る場面については、短く毅然と叱る。礼儀・規範意識を育てる。
③ 特別支援教育の視点を取り入れ、教室のユニバーサルデザインを意識する（前面掲示は、最小限。学級目標は、横か後ろに掲示。指示は、一時に一事で分かりやすく）。
④ 行事に追われ、学習をおろそかにしない。授業を第一に考える。授業で子どもを育てる。
⑤ 読み・書き・計算は、90％以上の習得を目指す。できることが「自尊心」を育む。
⑥ ノートは、丁寧にとらせる。
⑦ 行事の意義を語る。行事が目的になるのではなく、みんなが団結し成長するための手段。
⑧ 児童指導上の問題は、些細なうちに報告・解決をする。保護者への対応は、24時間以内に行う（早ければ、説明。遅ければ言い訳）。
⑦ 気持ちのよい言葉遣いをする。マイナス発言をしない。
⑧ 挨拶と整理整頓を大切にする。
⑨ 学習に必要のないものは、持ってこない。
　※その他、細かい生活のルールについては、○○小スタンダードを徹底する。
⑩ 交換日記や手紙交換の禁止（友達の名前が書かれると、トラブルの原因。どうしてもやりたい場合は教師に見せる）。
⑪ 携帯電話については、その危険性を伝え、子どもと一緒に管理をしてもらう。

10. 学年便り　「Strength & Kindness」
　　4月 武田　　5月 ○○　　6月 ○○　　7月 武田　　夏休み ○○
　　9月 ○○　　10月 武田　　11月 ○○　　12月 ○○　　1月 武田
　　2月 ○○　　3月 ○○　　春休み 武田

☆各行事　時数の取り方　※横浜の時間……20時間
　　●自動車工場見学…………横浜の時間④　社会①　道徳①　総合1M
　　●ふれあいコンサート……横浜の時間④　音楽①　道徳①　総合1M
　　●愛川体験学習……………行事④　横浜の時間③　総合⑤＋2M
　　●球技大会…………………体育①　横浜の時間①
　　●卒業式の練習……………横浜の時間⑧　総合④
　　●卒業式当日………………児活②　学活①　道徳③　行事②

☆総合　70時間　時数の取り方の例
　【学年共通】
　　●宿泊体験学習⑯
　　　事前指導⑧（めあて、調べ学習、グループ作り、しおり等）
　　　当日の活動⑥　事後指導②
　　●米作り⑫
　　　オリエンテーション①　草取り・田起こし①　しろかき①　田植え②　観察⑤
　　　稲刈り①　脱穀②
　　●卒業式関係④
　　●ボランティア関係④（認知症講習会・献血俳句コンクール）
　　●手紙コミュニケーション関係③（手紙の書き方・暑中見舞い・年賀状）

　【クラスの取組】
　　横浜版学習指導要領のねらいに沿ったもの。あゆみに記述できるもの。
　　●前期の取組（10時間程度）
　　●後期の取組（20時間程度）→土曜参観で、学習発表会を行う。

　【学習発表会　時間の取り方の例】
　　導入③　→　調べ活動＋話し合い⑤　→　まとめ④　→　発表に向けて④　→
　　リハーサル②　→　本番②　→　振り返り①　計20時間

　【総合的な学習のテーマの作り方の例】
　　●食育（ベースカリキュラム参照）
　　●社会、理科、家庭科の学習を発展させたもの
　　●福祉、国際、環境

4．初めての委員会活動　高学年としてのプライドを育てる

　5年生からは、高学年と呼ばれる。学校をリードしていく、責任のある活動が求められる。その象徴的な活動が、委員会活動だ。係活動やクラブ活動とは違う。趣意説明が必要だ。以下、その例である。

> ○○小学校には、12の委員会がありますが、その目的は、全て一緒です。
> 【学校全体を支え、みんなの役に立つ活動をする】です。
> ○○小学校に、給食委員会がなかったら、全校みんなが困ります。
> 委員会がなかったら、全校みんなが困ります。
> ○○小学校にある12の委員会、1つでも欠けたらみんなが困るのです。
> 各委員会には、人数制限があるので、もしかしたら希望した委員会に入れないかもしれません。
> でも、どの委員会に入っても、やり方が違うだけで【学校全体を支え、みんなの役に立つ活動をする】という目的は一緒です。
> どの委員会に入ったとしても、全校みんなのために、君たちの力を発揮してほしいと思います。

　子どもたちの中には、希望した委員会に入れなかった子も出てくる。しかし、どの委員会仕事も大切な仕事であり、全校のみんなのために存在しているという意味が分かっていれば、プライドを持って活動できる。
　利他の精神で行う活動を経験することを通して、さらに成長していってほしいとう願いを持って指導にあたりたい。

5．高学年での宿泊体験学習　指導のポイント

> ①なぜ、やるのか。行事の意味をつねに意識させる。

　高学年指導の肝は、趣意説明だ。中学年までは、教師が「やろう」と言えば、子どもは動く。しかし、自我が強くなる高学年はそうはいかない。納得が必要だ。なぜ、やるのか。子どもたちに考えさせ、その目的を意識させなければ、行事がただの遊び、ただ消化するだけで終わってしまう。

宿泊体験学習前、子どもたちに尋ねた。「体験学習のしおり。様々な情報が載っていますが、最も大切なページは、何ページですか。」
　目標が書かれているページを押さえる。例えば、「協力する」という文言があったとする。体験学習は、家族旅行ではない。学びの場である。登山も野外炊事もキャンプファイヤーも、全員が協力するために行うのだということを確認する。

②リーダーとフォロワーの概念を教える。

　体験学習では、多くのリーダー役が設定される。セレモニー実行委員、ウォークラリー実行委員、キャンプファイヤー実行委員、グループ活動班の班長、部屋での室長など。リーダーへの指導と同時に行いたいのが、リーダーを支える全体への指導だ。フォロワーの概念を教える。
「リーダーを補佐する人をフォロワーと言います。リーダーを助ける行動をします。クラスの誰かがリーダーとなっているとき、その他のみんなは、フォロワーです。誰もがリーダー役を経験する機会がありますが、自分がリーダーになったとき、周囲にしてほしい行動をフォロワーが行ってください。学年全員が、誰でも良きリーダー、良きフォロワーになれるようにしましょう。」

③室長会議で、室長をリーダーとして成長させる。

　夜、子どもたちが部屋ごとに分かれてしまった後は、教員の目が行き届かない。室長にリーダーシップを発揮してもらい、教師の目の代わりになってもらう。全体には、室長を支えるフォロワーとなるよう指導する。そのための要は、室長会議だ。現地で、室長だけを集め、厳粛な空気の中、神妙に語る。「この宿泊体験学習が成功するかどうかは、君たち室長にかかっています。先生が伝えたことを、今、この場所と同じ雰囲気を作って部屋のメンバーに伝えてください。」

（武田晃治）

楽しく明るい1年間を作る
～ゆとりある卒業期を～

1．主任になったら、これをぜひやりたい

> ゆとりある卒業期を迎える。全ては別れの準備である。

　6学年主任（もしくはリーダー。以下同じ）として迎える最大の山場、それはやはり、卒業式であろう。この仕事を、満足のいくものにしたい。そのためには、1年間の全てを卒業に向けて組み立てるのだ。時間のゆとりこそが、楽しく明るく過ごす余裕を生み出す。

2．1年間を見通して動く

　6年生の1年間は、慌ただしい。それは事実である。6年生としてやらなければならないこと、最上級生として求められることに追われる1年である。

　どの学年の主任でも共通する仕事にプラスして、6年生だけの大きな行事や取り組みがある。修学旅行、卒業アルバム作成、お別れ遠足、感謝の集い、6年生を送る会、卒業式などはほとんどの学校に共通であろう。これらを見ても、卒業間近がとてつもなく忙しいことは想像するにやすい。

　また、全国学力・学習状況調査、中学校訪問、調査書作成などの小さなものや、校長先生に「ぜひ、6年生にお願いしたい。」などと突然言われ、地域の行事等が降ってくるものもあると考えると、相当に計画的なリーダーシップが求められることは、間違いない。6学年主任が他学年主任以上に求められるもの、それは、

> ざっと1年分の仕事を見通す。

ことである。「主任は3ヶ月先を見通して」とは、よく言われることであるが、6学年主任は、大まかにでも「1年間」を見通したい。他学年の仕事と違って、例えば修学旅行、卒業アルバム作成等、3ヶ月前からでは間に合わないものがあるからだ。つ

まり、具体的には、

> 4月初めに、大きな行事の担当を決める。

　先の卒業アルバムを例にとっていえば、撮影は4月から始まる。業者と早急に連絡をとる必要がある。学校によっては教育委員会に提出する4月の職員集合写真が卒業アルバムの職員写真を兼ねていたりもする。委員会やクラブ活動の写真、各行事の写真を、ことあるごとに撮りに来てもらわねばならないのだ。
　また、6年生はやたらと歌を歌う場面が訪れる。卒業式の「別れの言葉」はもちろん、朝会での発表、感謝の集いなど機会は多い。音楽専科とも協力して、最低限の曲目・曲数を決め、指導を1学期から計画的に配置する。これにより、音楽の授業時内で指導が済み、余分な時数をかけることもない。子どもたちの負担も少なく、楽しい日々を送らせることにもつながる。経験からいって、やんちゃな男の子たちの多くは、歌の練習が嫌いだ。

3．卒業期の細かい準備は12月から

　歌の指導が年間を通じて行われていれば、子どもへの卒業式そのものの指導は3月からで十分間に合う。ここでは6学年主任として、他学年主任にプラスしてすべき12月～3月の準備について述べる。以下、仕事をリストに挙げた。各学校で多少の違いはあるが、参考になれば幸いである。

● 12月
☐ 卒業証書作成のための氏名表記調査用紙を保護者に配付。
　回収したのち、12月中に学校長に手渡す。冬休みから卒業証書を少しずつ書き始めるタイプの学校長に、喜ばれる。
　学校から、楷書で書かれた名前を印刷した紙を配付し、それに訂正を加えてもらうタイプの書面がお薦めだ。念のため生年月日欄も付け加えるとよい。要録の記載と生年月日が違っていたという事例を経験したことがある。
☐卒業遠足の下見
　スキー教室など、遠出することが多い。冬休み中がお勧めである。

● 1・2月
□「感謝の集い」「6年生を送る会」「卒業式」等、歌や出し物の練習日程を組む。
続けざまにやってくる行事であるから、練習は最低限で済むように。Excel等で、カレンダー式に見やすく作れば、そのまま職員会議の資料としても使える。2月に出すことを考えると、やはり1月には学年で詰めておく必要があるだろう。
□卒業遠足
□校長先生との会食
インフルエンザ等も流行り、学級閉鎖になることも考えると、余裕を持った割り振りが大切。
□感謝の集い
最後の授業参観として扱い、保護者（役員）との打ち合わせを要することも。

● 3月
□奉仕作業
家庭科とタイアップすると時数削減につながる。
□卒業式指導
指導内容は大きく4つ。①式法・礼法（含証書授与）　②よびかけ　③歌（含国歌・校歌）　④入退場
□進学先確認→修了者名簿作成
□中学校用学級編成
□指導要録
卒業年月日、進学先等を書くので、他学年より多少時間がかかる。その後、コピーをとって原本証明をし、各中学校に送付。
□入学式用お祝いメッセージ作成
私立へ行く児童の入学式には参加できないので、あらかじめ送っておく。
□卒業積立金会計報告

4．自分のクラスの学級経営、日々の授業は淡々と
主任が自分のクラスの学級経営や授業で一杯一杯では、突然降ってくる物事に対応できない。学年を組んでいる若い先生のクラスに関わるなど、時間を割くこともある。こんなとき、少しでもお役に立てるようにしたいところだ。

学年の先生方が気持ちよく、楽しく充実した日々が送れるよう、学年チームの空気に気を配るのも主任の大切な仕事である。ゆとりのない教師の声が学年の廊下に響き、子どもたちの明るさを奪うことのないように。そのためには、

| 自分のクラスの学級経営、日々の授業は淡々と行う。 |

　3学期の授業は、カリキュラムより1ヶ月早く終わらせるイメージでよいだろう。
　こうすることで、ゆとりを持って3月は卒業練習に専念できる。時間に追われて、子どもへの対応に余裕がなくなり、叱らなくてもよいことを叱ってしまうことは避けたい。学年主任は、ゆとりを持って子どもに接することを意識し、その姿を他クラスの先生にも示したいところだ。ざっとイメージを示す。

算数	新単元が1月には終わっている。残りは復習単元のみに。
国語	進出漢字学習は1月には終わっている。卒業文集は「単元」にする。
社会	政治単元が2月半ばには終わっている。
理科	「電磁石」が2月半ばには終わる。
国語	卒業文集は「国語」の単元として入れ込む。
図工	3学期は「卒業制作」のみ。
家庭	「感謝のプレゼント作り」、「奉仕作業」を単元に入れ込む。

　要領よくやるしかない。ゆとりを作ったつもりでも、隙間隙間に色々と入ってくるのが6年生の3学期。行事に時間をかけすぎない。学年会も段取りよく。

| 他クラスの先生が授業に専念できるよう、学年で使う時間は最低限に抑える。 |

　これも主任の仕事であり、力量でもある。

（佐藤文香）

「授業の原則十か条」を活用して楽しい個別支援級

1. 主任になったら、これをぜひやりたい

児童がのびのびとして、笑顔で過ごし伸びていく個別支援級を作りたい。

2. 学級担任＋学年主任

　個別支援級の主任は、一般級の学級担任の仕事をこなすことが１つの役割である。さらに、学年の主任でもあると考えると分かりやすい。
　個別支援級は普通複数で担任している。その先生方もまとめていく必要がある。まず、心にとめてほしいことは、

個別支援級の主任はチーム個別のリーダーである。

ということだ。個別支援級の主任ならば何を意識して仕事をするとよいのか。
　向山洋一氏の授業の腕を上げる法則「授業の原則十か条」からいくつか取り上げて大事な点を伝えたい。

3. 趣意説明の原則

個別支援級をどんなクラスにしたいのか担任に趣意説明をしよう。

　主任である自分は、どんな個別支援級を作りたいのか、一般級で子どもに語るように、一緒に個別級を担任する先生方に伝えておく必要がある。私は、「子どもが学校に来るのが楽しいというクラスにしたい。だから怒らずに教えてほめる、指導というより支援をする意識を持っていきたい。」と伝える。
　先生方にまず伝えるのは、様々なことを決めるときの柱になるからであり、自分が

目指すクラスのイメージを共有しておきたいからである。

4．全員の原則

> 担任全員に伝える、些細なことでも全員に伝えるべきである。

　担任が二人だと、話もしやすいが、今は児童の人数が多くなり担任が5人前後の個別支援級もある。また、非常勤の先生や支援員という勤務時間が短い担任がいる場合もある。そういうときこそ、全員に伝えることが大切になってくる。
　例えば、「始業式は個別支援級の子どもたちは交流級に並ばずに個別支援級で二列に並ぶ。」と決めたのに、並び方を知らない担任がいて登校してきた児童に「交流級に並びなさい。」と違う指示をしてしまうと混乱を招く。
　防げる混乱は起こさない。最大限大切にしたいことである。

5．細分化の原則

> 主任の役割は仕事を分けて、担当を決めることである。

　主任が全ての仕事をこなそうとすることはない。先輩の先生から、「仕事を分けて分担し、担当を決める」ことが主任の仕事と教わった。決めるときはできるだけ細分化したい。その方が先生方は動きやすい。例えば大掃除の時間の分担を、「全体指揮　A先生、4組のほうき　B先生、5組のほうき　C先生。」とする。
　もちろん先生方の意見を聞く必要はある。分担を決めて文書で提案すると話し合いがスムーズに進むし、全員により伝わりやすい。何より会議が短くて済む。

6．確認の原則

> 先生方を信頼しているが、進み具合は確認する。それが主任の仕事である。

　仕事を分担したら、もちろん信頼して任せておく。ただ、時々は進み具合やどう進めようと考えているかなどを確認しておきたい。進み具合を聞けば、仕事をしてくれ

たことに感謝の気持ちを伝えることができる。

また、人間だからうっかり忘れていることもある、自分の仕事を勘違いすることもある。確認すれば仕事のミスや期限に間に合わないことなども未然に防ぐことができる。

| 交流級の授業に参加するときは、特に確認が重要である。 |

交流に関することでは特に確認が必要である。明日の予定や、活動の場所、持ち物など事前に確かめておきたい。

まずは主任が交流級の先生とコミュニケーションを積極的にとるといい。主任が話していると他の担任も話しやすくなる。担任間のコミュニケーションがうまくいっていると子どもも交流級に行きやすくなる。そして、保護者も安心する。

7．個別支援級主任の醍醐味

| 自分がやりたいことを積極的に取り入れられる。 |

個別支援級の年間のカリキュラムは、学校独自で作成できる。自分が主任になったら、やってみたい授業や活動を積極的に取り入れやすい。

私の場合、音楽の授業を担当させてもらい、年間を通してTOSS音楽が提唱している「コマとパーツ」で授業を組み立てた。また、感覚統合の視点を取り入れたダンスを踊った。子どもたちはダンスが大好きになり、毎時間リクエストがあった。自立活動の時間に、体幹を鍛える8つの体操を行ったこともある。友達と息を合わせたり、担任とペアーで行ったりして、楽しく活動できた。

| 担任、交流級の担任、子どもたち、保護者など多くの人と関われる。 |

個別支援級の学級経営は、一人でうまくいくことはない。様々な人の協力があってこそうまくいく。だから、周りの人に感謝しながらチームワークよく仕事を進めよう。

（高橋智美）

5

縁の下の力持ち

いろいろ主任

5-1　図書主任

図書の仕事は「分担」が要！
年間を見通した仕事術

１．主任になったら、これをぜひやりたい

> 図書の仕事は年間を通してとにかく多い。司書教諭と兼ねて図書主任になっても負担にならないように、一人で抱える仕事の量を減らしたい。

２．仕事をする上でのポイント

　図書主任の仕事は大きく分けて３つある。
①学校全体に関わる仕事（読書週間の活動、読書感想文・感想画の募集・選考など）
②対外的に関わる仕事（図書ボランティアや市立図書館との連絡・連携）
③それ以外の仕事（児童の図書カード作成、図書購入など）

図書主任の仕事①　仕事を振り分ける。

　どれも大切な仕事であるが、学級を持ちながら一人で全てをこなしていくことは難しい。そこで大事になることが「分担」である。４月の初めに「誰が」「何をする」のか決めてしまう。
　私の勤務校では、ほとんどの仕事を図書主任が行っていたため、学校全体に関わる仕事は「児童担当」、対外的に関わる仕事は「渉外担当」、それ以外の仕事は「雑務担当」に分けることにした。主任は「雑務担当」をしながら、「児童担当」「渉外担当」の教員に声をかけ、やるべきことを忘れないように配慮することで十分である。
　そのために、１年間の図書に関わる活動を全て把握しておかなければならないが、一人で全てやるより、はるかに楽である。

３．年間の見通しを立てる

　横浜市内の小学校を例にすると、図書の主な仕事は以下の通りである。

月	内容	月	内容
4月	図書部内で仕事分担決定、新入生・転入生の図書カード作成、はまっこ読書の日の計画・実施	10月	読書感想画の課題図書購入・取り組み方を伝える 読書週間の計画・提案
5月	児童図書の購入、図書ボランティアとの顔合わせ	11月	読書週間（3週間）の活動実施
6月	読書感想文の課題図書購入・取り組み方を伝える	12月	児童に対して、冬休みの読書活動の推奨、読書感想画の校内選考→区に選出→市に選出
7月	児童に対して、夏休みの読書活動の推奨	1月	児童図書の購入
8月	市の学校図書研究会研修、校内で今後の活動の確認	2月	市立図書館での児童の読書感想画展示
9月	読書感想文・画集の購入、読書感想文の校内選考→区に選出→市に選出	3月	来年度の学校図書館教育全体計画・学校図書館教育年間指導計画作成

　他にも年間通して関わる学校司書との連携といった重要な仕事もある。ただ、どの学校にもPCや戸棚の中に昨年度何をしていたのか資料があるため、年度当初に確認し、このような一覧表にしておくと動きやすくなる。

図書主任の仕事②　年間の仕事を一覧表にする。

4．1ヶ月先を見通して動く

　日々の授業や行事などに追われていると、どうしても図書仕事が疎かになりがちになる。「仕事を振り分ける」、「年間の仕事を一覧表にする」を年度当初に行っておけば、後は一覧表に従って、誰の担当なのか、何が必要なのかを確認するだけである。そして、1ヶ月先に向けてすぐに動く。このすぐに動くことが重要である。

　図書の仕事を後回しにされてしまうことがよくある。自分が担当でなければ、こまめに担当の教員に声をかけるようにする。もし一人では難しそうであれば、代わりに全部やるのではなく、一緒にやる。一緒にやる意味は、担当に分けたにもかかわらず、代わりにやってしまうと主任に全部任せられてしまうからである。

５．担当別の仕事内容
① 「児童担当」の仕事（主に児童に関わること）
　（１）読書感想文や読書感想画の校内での募集・選考（選考は部員全員で行う）
　（２）読書感想文・画集の申し込み
　（３）読書カードの印刷配付
② 「渉外担当」の仕事（主に外部の方との連絡・調整）
　（１）図書ボランティアの方との連絡・調整
　（２）読み聞かせの会との連絡・調整
　（３）市立図書館との連絡（図書ボランティアの研修など）
③ 「雑務担当」（上記以外の仕事）
　（１）新入生・転入生のデータ入力と図書カード作成
　（２）日常の貸し出し・返却のお知らせや督促
　（３）行事に関わること（はまっこ読書の日・読書週間の取り組み方の提案）
　（４）図書データの入力（購入図書・寄贈本・廃棄本など）
　（５）学校図書館教育全体計画・学校図書館教育年間指導計画の作成
※学校司書が校内に配属していれば、大変な④の図書データの入力をしてもらえるため、「雑務担当」の仕事はかなり軽減される。

６．図書主任としての心得
　とにかく４月初めの動き出しが肝心。
　役割分担や年間活動の見通しは年度当初しかできない。授業が始まると、誰が何をするのか決めることが難しくなる。そうなると、一人で仕事を受け持ち、時間を浪費し、肝心の授業が疎かになってしまう。
　仕事を「分担」することで、主任としては各教員の担当を把握し、声をかけるだけで年間通しての自分の仕事量はかなり軽減される。

７．おまけ
①図書購入は２回に分けた方がいい
　一度に全ての予算を使い切ると、後から「あの本がほしい」という要望に応えられないため、２回に分けると先生方の要望に応えられる。

②お薦めな本が購入しやすい

　図書主任として、『アタマげんき どこどこ』(騒人社) のよさを他の教員に伝えたことで、シリーズで購入することができた。主任としての頑張りは必ず部内に伝わる。

③読書週間の計画例

　私が作成した勤務校における読書週間の取り組みを載せた。もしよろしければ参考にしていただきたい。

平成27年10月5日
学校図書館部

読書週間の取り組みについて

1　目的
(1) 「読書の秋」にたくさんの本に親しみ、読書意欲を育て、読書の習慣化を図る。
(2) 読書活動の幅を広げ、読書を通して豊かな心を育てる。

2　期間
　平成27年10月27日(火)〜11月13日(金)

3　内容
(1) 図書委員会の取組み(予定)　担当：○○・○○・○○
　① 読書集会
　　【日時】11月6日(金)　8:25〜8:40
　　【場所】体育館
　② ドラえもんを探せ
　　【日時】10月27日(火)〜10月30日(金)
　　【場所】図書室
　　【詳細】後日、紙に書きクラスに配布します。
　③ 読書クイズ
　　【日時】11月2日(月)〜11月6日(金)
　　【場所】図書室
　　【詳細】後日、紙に書きクラスに配布します。
　④ 読書ビンゴ
　　【日時】11月9日(月)〜11月13日(金)
　　【場所】図書室
　　【詳細】後日、紙に書きクラスに配布します。
　⑤ 図書室のきまりビデオ放送
　　【日時】10月27日(火)〜11月13日(金)の何日か、お昼の放送で流します。

(2) 教師サイドからの取組み
　① 朝読書タイム
　　・読書の習慣化を図る。(毎週水曜日　8:25〜8:40)
　　・4、5、6年生にも絵本とおはなしの会による読み聞かせが入っています。
　　【4年：10/21(水)　5年：10/28(水)　6年：11/4(水)】
　② ファミリー読書
　　・読書による家族のふれあいの輪を広げ、読書に親しむ。
　　・図書館だよりや読書カードを配布し、各家庭に協力を呼びかける。
　③ 読み聞かせボランティア「かたらんらん」による読み聞かせ
　　・日程は決まり次第お伝えします。
　　・1〜6年(国語3P)です。4校時を個別級の割り当てにしております。

日　時	校時	生活科室	視聴覚室
10月29日(木)	2校時		
	3校時		
11月25日(水)	2校時		
	3校時		
12月17日(木)	2校時		
	3校時		

＊この期間は、生活科室・視聴覚室とも「読み聞かせ」を優先させてください。

(野村尚也)

5-2　給食主任

他の職員との連携と事務作業！
給食主任の仕事術

1．主任になったら、これをぜひやりたい

栄養士の先生と連携し、学校の食を守る。

2．食教育

①配膳・片付けその他給食に関する事項の取りまとめ

　年度初めに、配膳・片付けなどに関する約束について提案する。昨年度の提案書類をもとに栄養士・調理員と確認し提案する。牛乳やジョア、パックの麦茶などの片付け方については、様々あるので確認する必要がある。

②長期休業前の白衣などの取り扱いについて

　筆者の勤務校では、長期休業前に白衣を集め、調理員が洗濯したり新しいものと取り換えたりしている。また、牛乳パックを入れるかごやストロー入れについても調理員が回収して確認する。食教育担当は、長期休業前の1週間前までには、各担任に給食終了日に白衣や給食の道具をどのようにすべきか伝える必要がある。

③食教育の計画、授業のコーディネート

　栄養士さんと相談しながら、食教育の計画を立てたり、食教育の研究授業をコーディネートしたりする。2010年度に勤務校では、級外の先生が家庭科を担当していて、栄養士と連携して自校献立を子どもたちと考える研究授業を行った。

④食教育担当者会や基準献立作成委員会への出席

3．給食発注

①児童数、職員数（非常勤の職員も含む）を確認し、牛乳・パン・米飯を業者へ発注する。

勤務校には、前年度の担当者が作ったExcelデータがあるので、そのデータを使いながら児童数、職員数を入力していく。非常勤の職員がいつ出勤して給食を食べるのか把握するため、事前に管理職と確認したり、非常勤の方にいつ給食を食べるのかを確認したりする。その際、いつ給食を食べるのかを書く書類を渡すようにするとよい。

②食数の変更があれば、すぐに調理員、業者、栄養士に伝える。
　転入転出、長欠の連絡、支援学級児童の給食の配膳場所の変更など、食数の変更の連絡を取りまとめ、調理員、業者、栄養士に伝える。

③校外学習や遠足時などの給食の早出し、給食中止届け。
　年間計画や毎月の行事予定を確認したり、昨年度の給食中止届けのファイルを確認したりして、どの行事で給食を減らすのか、あるいは地域の方との交流給食などで増やすのかを確認する。勤務校の特に5・6年生は、昨年度にない校外学習を計画して給食を止めることがあったので、学年の先生と給食と止める日を丁寧に確認する必要があった。

4．給食会計
①給食引き落とし第2回目の後、引き落としができなかった家庭に、期日までに現金を学校に持ってくる旨のお知らせをする（月末）。
②5年積立、6年積立金、懇親会、PTA会費、スポーツ振興センター費用の徴収
③給食費の月別計算、徴収簿、給食会への振り込み（原則として5日までに）
④学校給食費金銭出納簿記入
⑤転入、転出児童の給食証明書の作成整理
⑥就学援助費対象家庭の給食費学校現金受け取り
　主な仕事内容を書き出したが、一元化した資料をもとにそれぞれの仕事を行っている。領収書や給食関係のメモなど何でも貼り付ける一元化したアナログのノート、そして、デジタルではExcelでの納入報告書の型を使ったデータを作成し、それをもとに各書類を作成している。
　なお、会計ではExcelをよく使うので、以下にExcelのポイントを紹介する。

①分からなかったら、ネットで検索する。

　Excelの使い方で分からなかったらネットで検索。すると大体のことは解決する。

②「＝」（イコール）を入力し、他のセルを選択し、足したり引いたりする。

「＝」を使った計算式をよく使うので、使えるようになると便利である。

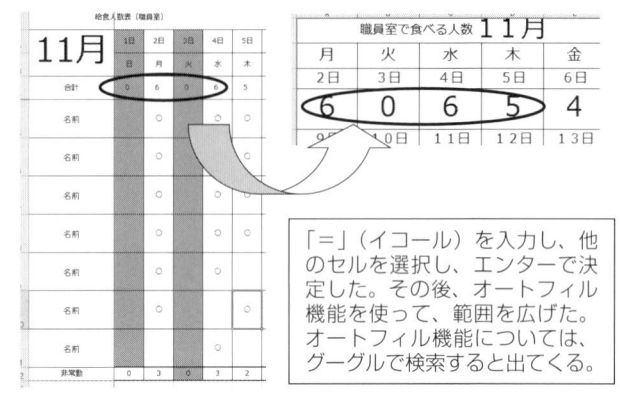

「＝」（イコール）を入力し、他のセルを選択し、エンターで決定した。その後、オートフィル機能を使って、範囲を広げた。オートフィル機能については、グーグルで検索すると出てくる。

③ショートカットキーを覚える。

　セルの中の言葉を編集するときはF2キーを、Excelの編集の繰り返しのときは、F4キー（直前の動作を繰り返す）、連続するデータ入力にはオートフィル機能を使うと便利である。

④コピーして貼り付けの際に「値のみの貼り付け」を行う。

　普通にコピーして貼り付けを行うと、数式が貼り付けられてしまう。「値のみの貼り付け」を行うことで、貼り付けたい場所へ正しい数値を入力できるようになった。

〇〇年度　　　　　　　　給食実施についての確認事項

食教育担当

1．配膳室に給食を取りにいくとき・返しにいくとき

①配膳室の鍵は配膳室に近い教室で保管する。食事中、下膳後も鍵をかける（1階は開けておく）。

②必ず担任が付き添う（配膳車を返却するときは、必ずきれいに拭く）。

③食缶等は配膳室に返し、リフト用の台車・青いすのこの上にのせる（棚は使用しない）。

④汁などがこぼれた場合、そのクラスで責任を持って拭く。返却時にカップは3列にわけて並べる（食器を重ねすぎない）。

⑤牛乳を取りにいく児童は2名にする。
⑥牛乳の保管場所　3・5年……1棟1階の給食室
　　　　　　　　　1・2・4・6年……2棟1階配膳室
⑦牛乳パック・ストロー・ストロー袋は、牛乳の保管場所と同じところに返す。
⑧配膳室の食器が調理員さんによって回収された後に返す場合は、必ず給食室に返す。

2．食器・食品などの取り扱い方
①お盆の上に次のものをのせ、向きを揃えて返却する（おたま・おかずばさみ・フォーク・スプーン・はし・ご飯べら・白ご飯の残りは紙に包んで）。食器かごや食缶に入れない。
②残ったおかずは食缶に戻す（食べ残しをつけたまま食器を返却しない）。
③発酵乳・ゼリーの容器等は、それぞれ分別して戻す。容器包装プラスチック（ふた、スプーンの袋など）燃えるごみ（容器）に注意する。それぞれ袋に入れ、給食室でほどきやすいように、軽く結ぶ（強く結びすぎない）。ヨークとジョアの場合は洗わずに牛乳箱にそのまま入れて返却する。
④委託ごはんの保温箱（黄色の箱）は空にし、返却する（残りご飯・ご飯べらはお盆にのせる）。
⑤パン箱には、残りのパンのみ入れ返却する。パンの個包装の袋は、結んだ状態で、各クラスでビニール袋などに入れて集める。配膳室に個包装の袋を入れる缶が用意されているので、そこにビニール袋の中身をあける。各クラスで工夫して、やりやすいようにお願いします。
⑥牛乳の飲み残しは流しに捨てる。
⑦牛乳パックは、必ず乾燥させてから戻す。
⑧牛乳パックを乾燥させるためのかごは、いつもきれいにし使用する。
⑨ふきんを洗うためのバケツは、他の用途に使用しない。
⑩食器に吐いた場合、教室で消毒処理をした後、ビニール袋に入れてその食器を保健室に持っていく。

3．その他
①個数物が足りないときは、給食室に取りに行く。
②給食時間の変更や中止のときは、早めに給食担当（○○先生）に連絡する。
③児童の長欠・転入・転出がある場合は、分かりしだい給食担当（杉本T）に連絡する。
④児童用白衣は、1クラス9セットを基本とする。児童用白衣の大きいサイズの希望や教師用白衣の希望は、給食担当まで連絡する。
※給食用セット……4月7日（火）に、給食室にとりに行って下さい。

◆夏休み前の給食白衣等のかたづけについて
2015．○　○○
7月21日（火）給食終了後、次の物を各クラスの配膳車に乗せておいてください。
●白衣（ひもで縛るか、ビニール袋に入れる）
●ストロー入れ
●バケツ
●牛乳パック水切りかご（当日の牛乳パックを入れた状態）
※当日使用したストローとストロー袋は、21日中に給食室に持ってきてください。
　間に合わなかった場合は適宜処理してください。
※白衣は、調理員さんが新しいものと交換してください。
※それぞれのクラスのストロー入れとストロー袋入れは教室に持ち帰ってください。

◆年度末の給食白衣等のかたづけについて
3月17日（火）給食終了後、次の物を各クラスの配膳車に乗せておいてください。
●ストロー入れ
●バケツ
●牛乳パック水切りかご（当日の牛乳パックを入れた状態）
※白衣について
●6年生は、洗わないでいいです。配膳車に乗せておいてください。
●1年～5年生は、洗ってください。揃ったら給食室に持って行ってください（3月23日月曜日まで）。
※当日使用したストローとストロー袋は、18日（水）午前中に給食室に持ってきてください。間に合わなかった場合は、適宜処理してください。
※それぞれのクラスのストロー入れなどは教室に持ち帰ってください。

（杉本大樹）

視聴覚・情報主任　5-3

機器管理と対外的な仕事

1．主任になったら、これをぜひやりたい

各学年に1名ずつ視聴覚担当者を決め、仕事をふる。

2．パソコン室の整備
①4月の仕事
- 児童用のパソコンが教師用パソコンとつながっているか確認。
- インターネットにつながるか確認。
- プリンターインク・用紙の在庫確認と発注。
- プリンターの動作確認。
- プロジェクターや電子黒板の動作確認。
- 予算作成。

②定期的な仕事
- 4月の仕事を確認（3ヶ月に1回）。
- 掃除分担されていない場合、クラスの子どもと掃除（1ヶ月に1回程度）。

3．放送室の整備
①4月の仕事
- 放送台の使い方確認。
- 放送委員会の編成。

②定期的な仕事
- 放送委員会の運営。
- 朝会や集会の放送。

　視聴覚主任が放送委員会を担当することが多い。4月に基本的な放送内容の確認をする。音楽を流す場合、流行曲NGの学校が多いので注意が必要。

4．機器の貸し出し

①4月の仕事
- ●在庫確認（デジカメ・ビデオ・ＳＤカード・プロジェクター・実物投影機・ラジカセ）。
- ●各クラスにラジカセを配当。
- ●貸し出しルールの確認。
- ●貸し出し簿作製。

②定期的な仕事
- ●貸し出し簿の点検（1ヶ月に1回）。
- ●貸し出したものの回収（夏休み前・冬休み前・春休み前）。
- ●故障の受付。

　学年担当者には、返却の呼びかけや各種連絡事項などを伝えてもらう。貸し出しのルールは、あまり厳密にしない。借りたときと返したときに貸し出し簿に書く程度が運用しやすい。使ったらすぐに返却するようにクギをさす。貸し出した機器を定期的に回収することで、在庫確認や故障の受け付けがしやすくなる。

5．対外的な仕事

①学校ホームページの管理
- ●月1回の各学年ページの更新を呼びかける（学年担当者に催促）。
- ●更新承認を管理職に依頼する。

②芸術鑑賞会
- ●音楽と劇を1年交代で行っている学校の場合、今年はどちらかを確認。
- ●視聴覚部で3団体程度選定し、職員に回覧して決定する。
- ●体育館の時間割変更。

③教育委員会への提出物
- ●各種アンケートに答える。
- ●職員へのアンケート締め切りは早めに設定する。
- ●年1回のネットワーク基本台帳作成。

　ネットワーク基本台帳はパソコンなどが増えるたびに、その都度、更新する。後回しにすると、相当面倒くさいので注意する必要がある。

平成〇〇年度　芸術鑑賞教室　実施計画案

平成〇〇年〇〇月〇〇日
情　報　視　聴　覚　部

1　ねらい
　・伝統芸能の鑑賞を通して、豊かな感情と想像力を育み情操を豊かにする。
　・鑑賞マナーを身につける。

2　日時　　　〇〇月〇〇日（〇）　**行事6モジュール**
　・仕込み　　　　　　　7：00
　・1回目公演（1～3年、個別支援級）　80分間
　　　　入場開始　　　8：45
　　　　開演　　　　　8：55
　　　　終演　　　　　10：15
　・2回目公演（4～6年、保護者）　80分間
　　　　入場開始　　　10：30
　　　　開演　　　　　10：40
　　　　終演　　　　　12：00
　・撤収　　　　　　　13：10

3　場所
　　・体育館
　　　　前列、低学年からクラス横2列で横に並びます。　**持ち物：防災頭巾**
　　　　具体的な場所は、当日お伝えします。

4　内容、団体
　　　①落語の解説
　　　②落語家体験（各学年1名代表）　　　　ステージに向かって
　　　③落語（低高学年に応じた内容）　　　　1番左側に座る。
　　　④色物（手品）

　　　（株）〇〇オフィス　　〇〇市〇〇　〇-〇-〇　電話〇〇-〇〇-〇〇

5　費用・集金日
　・参加者1人　750円
　・集金日　〇〇月〇〇日（〇）・〇〇日（〇）　お便り配付・学年便り〇〇月号に記載
　・各クラスの集金袋で集金し、担任の領収印を押印。
　・〇〇日（〇）までに参加児童数を明記の上、学年で大きなお金にまとめて〇〇に提出。

6　準備・片付け
　・図工室の椅子を36脚、長机などをステージに用意。
　・〇〇月〇〇日（〇）・〇〇日（〇）の放課後、情報視聴覚部参加。

7　保護者の鑑賞
　・参観希望の保護者は、〇〇日（〇）までに申込書に鑑賞費用を添えて、担任に提出。
　・担任は、〇〇日（〇）までに〇〇に提出。
　・〇〇が領収印を押印し、申込書を担任に返す。担任は、保護者に返却。
　・受付担当は、保護者持参の申込書と名簿を付け合せる。
　・座席は児童後方とし、パイプ椅子を用意する（情報視聴覚部）。
　・鑑賞しなくなった場合は返金する。

8　その他
　・朝から撤収完了までは体育館が使えません。
　・当日は図工室の椅子がなくなります。

平成〇〇年〇〇月〇〇日

保護者様

〇〇小学校
学 校 長　　〇〇

芸術鑑賞教室のお知らせ

　秋晴れの心地よい季節となりました。保護者の皆様にはますますご清祥のこと存じます。
　さて、芸術観賞教室を次の要項で実施いたします。今年度は、落語や手品を鑑賞する「わんぱく寄席」を開催します。伝統芸能の鑑賞を通して、豊かな感情と想像力を育むことができればと願っています。
　なお、保護者の方も鑑賞できますので、ぜひお申し込みください。

1　日時　　　平成〇〇年〇〇月〇〇日（〇）
　　　　　　　　　　１回目公演（１～３年、個別支援級）　８０分間
　　　　　　　　　　　開演　　８：５５
　　　　　　　　　　　終演　１０：１５
　　　　　　　　　　２回目公演（４～６年）　　　　　　　８０分間
　　　　　　　　　　　開演　１０：４０
　　　　　　　　　　　終演　１２：００

2　場所　　　本校体育館

3　内容　　　落語・手品「わんぱく寄席」　　（株）〇〇

4　費用　　１人　　　　７５０円（当日欠席した場合は、集金いたしません。）
　　　　　　集金日　　〇〇月〇〇日（〇）・〇〇日（〇）

5　保護者の鑑賞について
　　　　　　１人　　　　７５０円
　　　　　　集金方法　　申込書に費用を添えて、担任にお渡し下さい。
　　　　　　締め切り　　〇〇月〇〇日（〇〇）
　　　　　　　・鑑賞は２回目公演のみです。
　　　　　　　・未就学児を伴っての鑑賞はできません。
　　　　　　　・保護者席は後方です。
　　　　　　　・１０：３０～１０：３５の間にお越しください。
　　　　　　　・撮影はご遠慮下さい。
　　　　　　　・申込書を一度お返ししますので、当日体育館受付へご提出ください。
　　　　　　　・鑑賞できなくなった場合は担任までお知らせください。返金いたします。

------------------------- 切り取り線 -------------------------

保護者　芸術鑑賞教室申込書

平成〇〇年〇〇月　　　日

〇〇小学校長　　　〇〇行

　　鑑賞教室に申し込みます。
　　　　　　年　　　　組　　参加保護者名（児童名）　　　　　　（　　　　　）

〇〇月〇〇日（〇）締め切り

（片桐利樹）

安全は仕組みで作る

1．主任になったら、これをぜひやりたい

登校班編制の仕組みを作る。
交通安全対策協議会を開催する。

2．安全主任の仕事

安全主任の仕事は大きくわけて次の2つだ。

①登校班に関する仕事
②通学路に関する仕事

これらの2つの仕事のポイントを紹介する。

3．登校班に関する仕事

1年間の流れは次のようになる。

4月初め	登校班編成
6月	登校班下校
11月	登校班下校
1月	新班長会議（次年度の班長が誰がなるか確定）
2～3月	新1年生登校班確定

　この中で手間なのは、新1年生の登校班を確定させる作業である。自分の子どもがどこの登校班かが分からないという保護者が以外と多いものである。そこで、次の2つの方法で確定させる。
①班長に自分の班の新1年生を調べてもらう。

②地区委員に自分の担当する地区の新1年生を調べてもらう。

次ページのような文書を配付してお願いする(資料①)。これでも漏れがある場合は、住所から登校班を割り出す作業をする。そして、確定した情報をもとに次年度の登校班名簿を作成し、4月初めの登校班編成で確認し、確定させる。

4．通学路に関する仕事

登校指導の計画や交通安全教室、地域の自治会長との交通対策協議会などの仕事である。つまり、子どもの通学路が安全かどうかを確認する仕事をするのである。例えば、次のような要望書を作成して、市に提出することもある（資料②）。

これらは、担当だけでできるものではない。地区委員や自治会長と連携し、交通対策協議会を開き、要望事項にまとめるのである。継続して、要望書を提出していると、市の担当が現場の状況を視察にきたり、要望が通ったりすることがある。

通学路の安全確認は下の文書のように、地区委員にお願いして、確認してもらう。

　　　　　　　　　　　　　　　　　　　　　　　　　　　平成○○年　○月○日
地区委員各位
　　　　　　　　　　　　　　　　　　　　　　　　　　○○市立○○小学校
　　　　　　　　　　　　　　　　　　　　　　　　　　校長　　○○　○○
　　　　　　　　　　　　　　　　　　　　　　　　　　交通安全担当

学区交通安全対策協議会の資料提供について

　梅雨明けも間近になってまいりました。地区委員の皆様には、ご健勝のこととお喜び申し上げます。また、日頃より、子どもたちの交通安全に対しましてご尽力いただきありがとうございます。

　さて、本年度も学区交通安全対策協議会を○月○日（○）（19：00図書室にて開催予定）に開催を予定しており、現在その資料作りをしているところです。つきましては、下記内容等について率直なお考えをお聞かせいただきたいと思います。ご多忙中恐縮に存じますが、ぜひご協力いただきたく、お願い申し上げます。

1．お願いする内容
・交通安全施設の新設置　　・交通安全施設の変更
・通学路の問題点　　　　　・通学上の問題点
・安全上気になる児童の様子　・その他交通安全に関わることについて

2．提出日
　お忙しいところ申し訳ありませんが、7月12日（月）までに担当（○○）までお願いいたします。

資料①

保護者のみなさま　　　　　　　　　平成　年　月　日

〇〇市立〇〇小学校
校長　〇〇　〇〇

登校班名簿作成のお願い

厳しい寒さが続いておりますが、保護者のみなさまには、いかがお過ごしでしょうか。
本校では、登校について通常は、[仲よし登校]として近所の子と登校していますが、4月の学年始めの1ヶ月・長期休業明けは、登校班での登校になります。お子様には、来年度、登校班の班長として活躍いただくことになりました。そこで、ご面倒をおかけいたしますが、来年度の登校班名簿の作成にご協力お願いいたします。

*来年度の登校班のメンバーに予定される新1年生の児童の名前を書いてください。
*[予定名簿]という位置付けですから、その後の変更があってもかまいません（提出後変更が分かればお知らせください）。
*　月　　日（　）までに安全担当高橋優（〇〇小学校 TEL 〇〇―〇〇〇）へご提出ください。

地区名	登校班名	班長名	学年・組
地区	班		年　　組

新1年生の名前

資料②-1

　　　　　　　　　　　　　　　　　　　　平成　　年　　月　　日
○○市教育委員会教育長
○○　○○　様
　　　　　　　　　　　　○○小学区交通安全対策協議
　　　　　　　　　　　　　　　○○市立○○小学校校長　　○○　○○
　　　　　　　　　　　　　　　○○地区自治会連合会長　　○○　○○
　　　　　　　　　　　　　　　交通安全協会○○支部長　　○○　○○
　　　　　　　　　　　　　　　○○市立○○小学校ＰＴＡ会長　○○　○○

通学路の安全に関する要望書

日頃、児童の交通安全に対しまして、ご理解とご協力をいただき感謝申し上げます。さて、過日、○○小学校区交通安全対策協議会（各単位自治会長・ＰＴＡ会長・学校・保護者・駐在所で構成）が開催され、下記及び別紙のような要望が出されました。つきましては、ご検討の上、早期解決に向けてご尽力くださいますようお願い申し上げます。

1　場所
（1）穴部駅近く歩道の整備　　　　　　　　　　　　　　　　　（資料1参照）
（2）旧道（製材所～水源地入口）にカーブミラーの設置　　　　（資料1参照）
（3）上清水地区、「公文」前白いバーの修復　　　　　　　　　 （資料2参照）
（4）小田原山北線の旧道の用水路をふさぐ　　　　　　　　　　（資料3参照）
（5）久所公民館前の道路にミラーを設置　　　　　　　　　　　（資料4参照）
　　 仲沢入り口の十字路に一時停止線の設置　　　　　　　　　（資料4参照）
（6）飯田岡歩道橋付近の道路にガードレールの設置　　　　　　（資料5参照）
（7）農協前グリーン歩道の反対側の用水路をふさぐ　　　　　　（資料6参照）
　　 川上医院の駐車場付近に横断歩道の設置　　　　　　　　　（資料6参照）
（8）アベイル・ローゼンの近くの道路時間帯規制　　　　　　　（資料7参照）
（9）飯田岡橋歩道のデコボコの舗装　　　　　　　　　　　　　（資料8参照）

資料②-1

2 要望
(1) 穴部駅近く歩道の整備
〈要望〉旧道の裏道は歩道もなく道幅も狭くて人通りが少ない為不安。歩道を整備してもらい通学路にすることで、裏道を通らなくてもすむ。

(2) 旧道（製材所～水源地入口）に路側帯設置
〈要望〉旧道は道幅が急に狭くなっていたりするのに車がスピードを出して走っている。カーブミラーを設置することでドライバーに注意を促す。

(3) 上清水地区、「公文」前白いバーの修復
〈要望〉川に沿って白いバーが何本も立っているが、一部折れ曲がっていて危険なので、メンテナンスしてほしい。

(4) 小田原山北線の旧道の用水路をふさぐ
〈要望〉小田原山北線の旧道（住吉屋前）道幅が狭く、車がすれ違うとき危険。住吉前の用水路をふさぐことで、道幅を広げて児童の安全を確保したい。

(5) 久所公民館前の道路にミラーを設置 仲沢入り口の十字路に一時停止線の設置
〈要望〉久所公民館前の道路は狭く、車も通り危険。ミラーの設置をしてもらうことで少しでも車を運転している人に意識をしてもらいたい。また、仲沢入り口も十字路も一時停止せずスピードを出して通る車が多い。一時停止線の設置をお願いしたい。

(6) 飯田岡歩道橋付近の道路にガードレールの設置
〈要望〉飯田岡歩道橋付近の道路は車の交通量が多く、見通しの悪い交差点であることから事故も多い。ガードレールの設置などの安全対策を早急にお願いしたい。

(7) 農協前グリーン歩道の反対側の用水路をふさぐ川上医院の駐車場付近に横断歩道の設置
〈要望〉農協前から川上医院へ向けてのグリーン歩道。小中学生がこのグリーン歩道を通っているので、グリーン歩道からはみ出し危険。グリーン歩道の反対側の用水路をふさぎ、歩道にしてもらいたい。また、用水路が歩道になると、川上医院前の駐車場付近に横断歩道の設置も必要になる。

(8) アベイル・ローゼンの近くの道路、ミラー・一時停止線の設置
〈要望〉アベイル・ローゼンの近くの道路は、通学時間帯、通り抜けとして利用する運転者が多い。また、ダンプ等大型の車も通り危険。時間帯規制をお願いしたい。

(9) 飯田岡橋歩道のデコボコの舗装
〈要望〉飯田岡橋の歩道はデコボコしており危険。自転車もよく通るので、舗装をお願いしたい。

（高橋　優）

5-5 人権主任

1年目は前年度の仕事を踏襲する
2年目からは少しの主張を加える

1．主任になったら、これをぜひやりたい

> 向山洋一氏の「いじめの早期発見システム」を取り入れること。

2．初めて人権主任になったときに気を付けたいこと

　異動したばかりの学校で人権教育担当になった。何から手をつければよいか困り果てて、先輩教師に相談した。そのときに教わったことが次の2点である。

> ①前年度の担当教師がやった通りにする。
> ②仕事を増やさない。

　①を聞いて、肩の力が抜けた。人権教育の取り組みは、地域、学校、児童の実態によって様々だ。前年度の文書を読んだり同僚に聞いたりして、まずは前年度のやり方をやってみることにした。
　②誤解を恐れず書く。「人権」の言葉に含まれる教育活動は限りなく広い。教育活動そのものが「人権」とさえ言えるだろう。全校を巻き込むことの多い人権の取り組みをあまりに増やすと、周りの職員や子どもの負担となりかねない。それでは本末転倒だ。必要な仕事とそうでない仕事を見極めて、よい意味での「適当さ」を大切にしたい。

3．主な仕事内容とコツ

　勤務校での人権担当の主な仕事は、次の3つであった。

> ①平和スピーチコンテストの運営（6月）
> ②職員人権研修の運営（8月）
> ③人権週間の取り組み（12月）

①平和スピーチコンテストの運営

　横浜市の場合、区ごとに「平和スピーチコンテスト」を開催している。校内では、それに出場する児童を選ぶための選考会が行われる。

　勤務校では、全校児童を対象に予選会を実施していた。各学級で選ばれた代表（1～6年生）が体育館でスピーチし、それを職員が審査するのだった。かなり大がかりであった。

　予選のやり方は各校に任されている。5、6年児童で選考会を実施する学校が多いだろう。お勧めは校内予選会をやらないことである。

> 「6年生の中から1名代表を決めてください」

　これが一番シンプルだ。代表児童は、朝会の時間に全校の前でスピーチし、表彰をされる。実際、現任校ではこの方法でやっているが何も問題はない。

②職員人権研修の運営

　夏休み中の職員人権研修である。この運営を人権部が任されている。横浜では、職員人権研修用の冊子が配付されており、それを使って研修を行うように委員会から指示されている。そのため、私もほんの5分、10分でもそれを使った話し合いの時間を持つようにしていた。

　講師を呼びたい場合には、年度当初に管理職に相談、計画しておきたい。講師の依頼は、管理職にお願いする。私は、療育センターからお医者さんとソーシャルワーカーの方をお呼びして、特別支援教育の研修をやっていただいた。専門的な話をうかがうことができ、職員からも好評だった。外部講師を呼ばずに研修を行った際には、校長先生から講話をいただいた。気を付けるポイントは1点。

> 予定していた研修終了時刻より10分ほど早く終わること。

TOSS横浜代表の渡辺喜男氏から教えていただいた。これで間違いなく職員に喜ばれる有意義な研修になる。

③人権週間の取り組み

　人権標語を作る、学級で人権目標を作るなど、これも各校で様々な取り組みがされている。勤務校では、人権週間に各学級で人権に関する授業を実施することが決まっていた。その授業内容を決める（提供する）のも人権担当の役割であった。低、中、高学年ごとに、人権教育に関する資料やビデオを準備した。

　横浜市なら、教育文化センター（現「はまアップ」）にそれらの資料がある。私はそこへ行って資料を借りた。これも今になって思えば、各学級担任に任せた方がよかった。情報の提供にとどめて、学級の実態に合わせて、担任裁量で授業されることをお勧めする。

４．少し工夫を加える

　人権担当２年目からは自分がやりたいと思うことを少し加えたり、いらないと思うものを減らしたりした。

〈加えたこと〉　①「配慮の必要な子どもの共通理解」に関する研修
　　　　　　　　②いじめアンケート、休み時間の調査の実施
〈減らしたこと〉①人権週間での各学級での授業（低学年を対象にした「個別支援学級理解」の授業と全学年での「ふれあい囲碁」集会の実施に差し変えた）
　　　　　　　　②人権コーナー（掲示板）の廃止

　加えたことの①と②は、当時の勤務校ではやっていなかったので、人権担当の立場から提案した。

　①は食物アレルギーなどの体に関すること、不登校、いじめなどの児童指導に関すること、特別支援教育に関することなどで要配慮の子への対応を職員で共通理解するための研修だ。家庭訪問を終えた５月頃、プロジェクターで顔写真を写しながら、各担任から簡単に話をしてもらった。

　②は、いじめを予防、早期発見するためのアンケートである。「生活アンケート」という名前で、年に数回実施した（詳しくは、本書 p.39「みんなが楽しく学校生活をすごすためのちょうさ」を参照）。

減らしたことの①は、授業の題材を提供して各担任に形式的に授業のお願いをすることに疑問があったので、なくす方向で提案した。先に述べた通り、授業は担任の裁量に任せたかった。それに代わるものとして、人権担当による「個別支援学級理解」の授業と「全校ふれあい囲碁」集会を提案した。

　当時、私は個別支援学級を担任していた。その立場からの提案でもあった。個別支援学級の子どもたちが、日頃どんな勉強をしているのか、１・２年生の子どもたちに話をさせてもらった。

　また、全校で楽しいことをやりたくて「ふれあい囲碁」集会を提案した（②校内の人権掲示コーナーは、ふれあい囲碁コーナーに変えた）。紙と筆記用具さえあれば全校で実施できる。いろんな学年の友達と交流できる教材だ。詳しくは、安田泰敏著『命を救う「ふれあい囲碁」』（生活人新書）をご覧いただきたい。TOSSランドからも「ふれあい囲碁」で検索いただくと、たくさんの実践が紹介されている。

　次頁に、人権教育年間指導計画を示す。

（森本麻美）

人権教育 年間指導計画

学校の教育目標	豊かなかかわり 豊かな心 本質 社会に視野を広げ、たくましく未来を拓く健康な体をつくります 本校 生命や健康を大切にし、主体的に課題を解決する力を育みます 地域 互いを認め合い、まちを楽しむちのために役立とうとする心を育てます												
人権教育の目標	自他の生命や健康を大切にし、社会に視野を広げるなかで、互いに認め合い、共に差別や偏見をなくしていこうとする態度を育てます 〈低学年〉自然や友だちとのふれあいを通して、他を思いやる豊かな心を育てます 〈中学年〉地域や社会的視野にかかわる差別や偏見に向き合おうとする態度を育てます 〈高学年〉差別や偏見を乗り越え、自他の人権を守ろうとする態度を育てます												
		4月	5月	6月	7月	8月	9月	10月	11月	12月	1月	2月	3月
月別目標		学級のあたたかみ、協力して育成するようにしよう。	よい姿勢で学習したり、給食を食べたりしよう。	みんなで楽しく遊べる工夫をしよう。	夏を健康に過ごそう。	きちんとした生活習慣ですごそう。	月別生活目標に沿った指導・場面指導での児童理解	好き嫌いなく食べて、運動をし力を出そう。	声をかけあいながら、時間を守って生活しよう。	かぜの予防をしよう。	おいしく給食を食べられることに感謝の気持ちをもとう。	自分の役割をもっと見直そう。	生活をふり返ろう。
全職員・地域						あいさつ・立ち止まり見守り 月別生活目標に沿った指導・場面指導での児童理解						
児童理解	事件、不登校、いじめ				生活アンケート（テレビの視聴時間、朝食調べの実施） 雨の日の過ごし方、月別生活目標の見直し、夏休み・冬休みの過ごし方								
特別支援	発達遅滞、病弱					特別支援を要する子供の理解等々（諸相・実態教育センター） 希望者への個別面談会実施コーディネート、発達者や担任からの特別支援要請 相談窓口							
人権	いじめ、DV、ネグレクト			ふれあい場所コーナーでの意見・交流						ふれあい意見コーナーの設置	人権週間 人権トーク		人権集会
	掲示コーナー	生活アンケート	生活アンケート	休み時間アンケート① 生活アンケート		生活アンケート		休み時間アンケート② 生活アンケート	生活アンケート			生活アンケート	
		6年	5年			4年		3年		2年	1年		
	アレルギー		平和スピーチコンクール運営			食物アレルギー対応マニュアル 対象児童への全職員への周知 献立の確認							
児童保応員 委員会		年間計画作成 1年生とあそぼう	1年生記念あつまり 活動地スタート 成地地近流プロ				エコキャップ・プルトップ回収 ベルマーク回収				実家用はがき・シニアの回収 ユニセフ募金活動		年間のまとめ
人権・総務員会													

142

校内若手研修（メンター）主任　5-6

職員を巻き込む校内研修

1．主任になったら、これをぜひやりたい

職員同士が互いに学びあいたいと思える校内研修を実現したい。

　校内研修（メンター）の制度を取り入れる学校が増えてきている。これは校内で若手教師が増えてきたとともに、その教師の学級が上手くいかず困っていても、学べる場がないことなどが理由にある。私の勤務校でも校内研修を月1回実施している。
　校内研修の担当として、どのような仕組みを作れば、職員が参加したくなる校内研修を実現できるか私の勤務校での取り組みを紹介する。

2．時間は短いが学びが深い研修

　校内研修を実現する上で、最も難しいことは時間を確保することである。一番の理想は勤務時間内に行うことだが、勤務校では難しい。そこで、勤務終了後の17時から18時の1時間と決めて実施している。1時間に限定しているから、多くの職員が参加しやすい。これをただ長い時間やっても効果の高い研修はできない。

3．年間計画は職員の声から

　校内研修のテーマは職員からどんなことを学びたいか聞く形で実施している。半年に1回このアンケートを取ることで、校内の先生方がどんな研修を求めているかが分かる。昨年度の勤務校の校内研修のテーマは以下の通りであった。

4月	黄金の三日間、ICT＆HPの活用
5月	体育『ボールルームダンス』
6月	総合の立ち上げ方、給食指導
7月	体育『体ほぐし』

8月	所見の書き方、外国語活動『英会話体操など』
9月	授業研修
10月	特別支援研修①・小田原養護石塚先生より講話
11月	特別支援研修②・定着率90％の漢字指導
12月	係活動の活性化・体育『相撲』
1月	特別支援研修③・小田原養護石塚先生より講話
2月	今年度のベスト実践共有会
3月	校長スペシャル

　先生方のニーズに沿った研修を組むことで、研修への満足度も高まっていくと考える。ただし、全ての内容を希望通りにするわけではない。そこには研修担当として、職員の先生方に知ってほしいことを盛り込んでいる。
　例えば、黄金の三日間は意図的に若い先生方にぜひ知ってほしいと思い研修を行った。特別支援研修は、発達障がいへの理解のあまりない先生にぜひ伝えたいと思い研修をした。今、この学校に必要なテーマも研修担当として取り入れていく必要があると考えている。

4．校内の先生を講師にする

　研修担当の自分が全ての話をする形式よりも、校内の先生方に講師になっていただき、話してもらうことで、校内の中堅やベテランの先生方も巻き込んだ校内研修になっていく。勤務校では、体育の研究をしている先生、総合に詳しい先生など、教科によってその道に詳しい先生に話をしてもらうことでとても学びになった。
　とりわけ好評だったのが今年度退職する校長先生による研修だった。校長スペシャルと題して、研修を行った。校長の教師をやってきての教訓をエピソードとともに話してもらった。また、校長自ら6年生へ実践した道徳の授業を披露していただいた。

5．模擬授業を研修に取り入れる

　講義形式の研修だけでは、主体的な研修にはなりづらい。そこで、模擬授業も取り入れることで、主体的な学びを生む研修を目指した。
　小田原地区の特別支援のプロフェッショナルである、小田原養護学校の石塚慶人先生に講師として来ていただいた研修の際、学級にいる「落ち着きがなく他の子にちょ

っかいを出してしまう子への対応」を意識した子役付模擬授業に、2年目の若手の先生が挑戦した。

日常の漢字スキルの指導の場面だったが、対応が上手くいかない姿が多く見られた。だからこそ、講師の先生からも多くのアドバイスがもらえた。模擬授業に挑戦した先生は授業後、「前に立ったからこそ、すごく勉強になりました」と嬉しい感想を話してくれた。校内研修では、ぜひ、模擬授業も積極的に取り入れていきたい。

6．魅力的な特別講師を招く

校内研修を校内だけの研修に留めておくのはもったいない。対外的な学びもぜひ取り入れたいということで、特別講師を2回お招きした。今年度は前述の石塚先生をお招きして、研修を行った。普段はなかなか参加できない先生も「石塚先生が来るから、旦那に頼んで参加するわ。」とお子さんの面倒を頼んで参加してくださった。

7．研修通信で学びを共有化する

校内研修に参加していない先生が参加したいと思うには研修テーマはもちろん大切だが、それ以上に研修がどれほど魅力的かアピールし続けることが大切だと考える。そこで、研修での学びを研修通信として必ず発行するようにした。「いちご研修」という校内研修名から名前をとった『いちごだより』を継続して発刊した。今年度は全部で16号発刊したが、大変好評であった。

校内には、様々な事情で参加したくても参加できない先生方がたくさんいる。そのような先生方が通信を通して、情報を知ることも1つの研修のあり方だと思う。また、何より自分自身がまとめる作業をすることによって、とても学

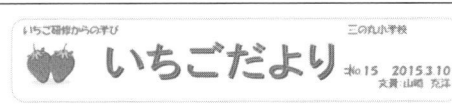

びになっている。

8．研修の後は、飲み会も
　研修でしっかり学んだ後は、その先生方と飲み会をすると学びがより深まる。研修でもう少し詳しく聞きたかったことを聞くことができたり、普段の授業の悩みも研修の後の飲み会だからこそ聞きやすかったりする。

　最近、飲み会の場で教育の話をしなくなったと学校現場ではよく言われている。しかし、勤務校のいちご研修の後は、教育の話によくなっている。毎回の研修後、飲み会をすることは難しいかもしれないが、時期を見て飲み会をすることで、研修での学びがより深まると考える。研修と飲み会はセットに限る。

（山崎克洋）

6

プロジェクトを支える
行事のリーダー

6-1 運動会のリーダー

> # 「連絡」「調整」役に徹せよ！

1．リーダーになったら、これをぜひやりたい

> 安全で楽しい、子どもが目立つ運動会にする。
> 子どもがハッピーになれば、教師もハッピーになる。

2．「運動会実施計画」の提案はできるだけ早めにする

　運動会実施計画は、秋の運動会ならば夏休み前の職員会議には提案する。できるだけ早めの提案がまず必須だ。過去3年間分ほどの提案文書と反省に目を通して作成しよう。全職員、全校児童を動かす提案である。修正点がある場合には、あらかじめ他の職員、管理職とよく相談し「連絡」「調整」の上、提案しなければならない。

3．リーダーの仕事は「連絡」「調整」に尽きる

　運動会の時期になると、学校は、運動会一色になる。全職員、全校児童が運動会に向かって活動する。その際、必要なのは、当日までの見通しをしっかりと持ったリーダーの存在だ。そうでないと、各活動がスムーズに進まずバタバタする。

> リーダーの仕事は、当日までの見通しを持ち、各係、活動の「連絡」「調整」をすることに尽きる。

ということを、肝に銘じよう。そのためには、運動会実施計画の中に「当日までの流れ（日程）」を必ず入れる。そして、進捗状況を確認し、いつもそこに立ち返り「連絡」「調整」を行う。

　例えば、プログラム原稿や放送原稿提出締切日の前日には各学年に声をかけたり、リレーの練習に顔を出し仕上がり具合を確認したりするだけで、それぞれの仕事や活動がスムーズに進んでいく。

1つ1つのことに注意を払い「連絡」「調整」役に徹するのだ。一言声をかける心配りが大切だ。

日時		曜日	内　　容	備　　考
7	15	金	第1回係・特別種目打ち合わせ（職員）	
	25	月	コースロープ張り（職員作業）	
9	1	木	議題説明会 「運動会スローガン」「学年またはクラスでできる仕事」について提案 練習開始 プログラム原稿提出 ①各種目の曲目決定 ②ライン図（案）③用具図（案）締切 （後日、変更時は朱を入れていく）	☆児童会・スポーツ委員会 ☆放送係 ☆ライン係 ☆用具係など
	2〜5	金〜月	①クラス内児童紅白決定 ②紅白リレー・応援団児童決定 ③徒競走走順決定 ④4・5・6年運動会の係決定（掲示・万国旗、賞品、決勝、得点、広報） ☆開閉会式運営は児童会、放送は放送委員会、用具・ラインはスポーツ委員会、救護は保健委員会の担当とする	☆クラスの先生よろしくお願いします！
	6	火	リレー児童顔合わせ（昼休み）	
	7	水	全校集会（応援団：はちまき贈呈式） 8：30〜45 運動会係打ち合わせ①（6校時）	
	8	木	代表委員会（昼休み） 「スローガン」「学年またはクラスでの仕事」分担決定	
	9	金	プログラム印刷（印刷は体育部・研究研修グループ）	（授業参観・学校説明会）

4．運動会当日の「シミュレーション」を仕切る

　運動会当日の「シミュレーション」を、実施日2、3日前に必ず実施する。

6　プロジェクトを支える「行事リーダー」　149

その場を仕切るのがリーダーの仕事だ。当日の流れを時間に沿って読み上げ、確認していく。文書として配付してあっても、実際に読みながら全職員が確認していくことが重要である。担当者の確認も、このとき再度行う。何かあればこの場ですぐに「連絡」「調整」をする。

```
当日朝の仕事（前日も晴れの場合）
6：00    運動会実施の決定
         テント内準備　ライン　用具　放送　指示　破鈴　看板　その他
7：30    職員出勤
         当日の係分担ごとに仕事内容を確認
         物資搬入門を開ける
7：40    係によっては、児童登校・準備
8：00    打ち合わせ（職員室）
8：10    各担任は教室に行き健康観察
```

　プログラムについても同様である。担当、入退場、係分担等が記載された表を用意し、「シミュレーション」でプログラムの順を追って読み上げ、確認していく。入退場はどこか。かち合わないか。かち合う場合はどうするのか。各係からの最終連絡はあるか。全職員の「連絡」の場を作り、「調整」をするのが「シミュレーション」である。その場を仕切るのが、リーダーの力の見せどころである。

	種目	学年	担当	予定時刻	入場	退場	放送	用具	審判	得点	備考
1	全校体操	全校	○○	9：00 9：03							
2	応援合戦	全校	○○	9：05 9：13							
3	ラン・RUN・らん （80 m走）	3年	○○	9：15 9：23							
4	すずわり	1・2年 地域	○○	9：25 9：38							

（松永忠弘）

心配な思いをさせない入学式

6-2 入学式のリーダー

1．リーダーになったら、これをぜひやりたい

　晴れの日である入学式。新入生にとっても保護者にとっても、学校はほとんど初めてで、不慣れた場所である。以下の心配りが入学式準備にはもっとも重要である。

> 新入生に心配な思いをさせないよう、準備を入念にする。

2．職員分担例

　職員分担の一例である。
①司会進行　②新１年担当（１年担任）　③誘導案内　④放送照明幕　⑤受付　⑥伴奏
⑦掲示　　　⑧式場設営　　　　　　　⑨児童　　⑩養護　　　　⑪諸連絡　⑫用務
③誘導案内を例に紹介する。式当日に、玄関に立ち、教室まで児童と保護者を案内する係である。「本日の流れ」のプリントの配付や、クラスと出席番号の案内・確認や、靴箱の指示、間違えたものを持ってきてしまった家庭への対応、祖父母などの付き添いの大人の誘導など、様々なことに対応をする。
　さらに入口にいる係だからこそできる仕事がある。新入生の制服の確認である。新入生は初めての制服で、保護者も間違えていることがある。晴れの日に、一人服装が違うということを防ぐことができる。
　それぞれの担当で、新入生と家族に心配な思いをさせないようにしていく。

3．6年生が1年生のお世話をする

　勤務校では、入学式の日は６年生が１対１の対応で１年生のお世話をする。
　入学式では、座席の案内、お手洗いの確認、入学式が終わった後は、教室へ連れて行く、身体計測の補助、絵本を読み聞かせるなど、様々なことを６年生が行う。入学式が終わった後は、１年生は身体計測を行い、早く終わったら１年生と６年生が一緒に遊ぶ時間をとる。その間に、１年生の保護者は第１回目の父母会を行う。

6　プロジェクトを支える「行事リーダー」　151

そのため、入学式の当日は、教職員の役割分担以外に、1年生の流れ、6年生の流れ、保護者の流れの3パターンを用意することになる。

〈入学式後の職員分担〉
①全体指示　②父母会（1年担任）　③6年指導　④遊び監督　⑤計測　⑥1年誘導

1年生の流れ	6年生の流れ	保護者の流れ
●1年生は入学式が終わり、6年生と手をつなぎ、1年6年担任とともに教室へ向かう。 ●玄関で上履きに履き替える（6年生が補助）。 ●1年担任は、全員が着席させたら、自己紹介を行う（5分程度）。 ●6年生が上着を脱いで戻ってくる。 ●担任は誘導担当に子どもを引き渡し、入学式場で第1回の学年父母会を行う。 ●1年生はトイレ・計測準備。指示は誘導係が行う。 ●計測は、20人ずつ、時間差をつけて保健室へつれていく。計測開始は11時。計測補助教員は7名。 ●計測終了後、校庭へ移動して遊ぶ。指示：遊び担当の教員。 ●父母会終了時刻にあわせて、教室へ戻り、図書室前の廊下に整列。	●6年生はクラスごとに出席番号順に並ぶ。1年生と1対1対応。 ●入学式後、1年生と一緒に玄関へ行く（1年担任と6年担任も引率）。 ●1年生の靴の履き替えを手伝う。 ●1年生の教室で1年生を座らせたら、すぐに自分の教室に戻り、制服の上着を脱ぎ、また1年教室へ戻る。 ●1対1で、トイレ、計測準備、絵本を読み聞かせをする。 ●全員が計測が終わったら、校庭で遊ぶ。 ●遊びが終了したら、6年生の半数は入学式場へ行き椅子の片付け。半数は引き続き1年生のお世話を行う。 ●椅子片付けの指示　6年生担任 ●椅子片付けもしくは、1年生引き渡し終了後、昼食。 ●完全下校13時30分。	●入学式後、第1回父母会。最初に、理事長あいさつ。父母と教師の会・会長あいさつ ●父母会終了後、1年担任誘導で校舎に戻る。 ●玄関から職員室前を通り、1年教室へ向かう。 ●全ての荷物を保護者が持って、図書室前へ移動する。 ●図書室前で児童をひきとった後、6年教室の前を通って玄関へ行く。

（村田　淳）

卒業式のリーダー　6-3

指導の方針と方法を示す

1．リーダーになったら、これをぜひやりたい

　卒業式の練習が始まる。もう子どもたちの小学校生活も、ゴールが見えてきた頃だ。残り2週間ほどをどう過ごさせるのか、ここが6年生担任の最後の仕事になる。
　卒業式担当として、一番意識したいことは、

> 卒業式の練習を、単なる行事の練習としないこと。

である（卒業式のリーダーを、「6年生担任の中のリーダー」として、本稿を書く）。
　子どもたちはもちろん、6年生担任の先生たちにとっても心に残る卒業式にするために、リーダーとしてどのように取り組めばよいのか、ポイントを示す。

2．指導の計画を立てる

　卒業式の練習では、指導する内容がいくつもある。そして、短期間できちんとできるようにしなければならない。それこそ、時間との闘いである。
　だからこそ、練習日程と指導の方法を、できるだけ綿密に組んでおかなければならない。いつ、何を、どのように指導するのか、それを考えないで、その場の思いつきでやるから、子どもたちを叱る場面が増え、子どもも教師も、「やらされ感」いっぱいの時間を過ごすことになるのだ。小学校生活最後の、貴重な時間なのに、である。
　だから、無理なく、できるだけ短時間で指導するために、具体的な指導の方針を決め、担任の先生たちに示すのである。よびかけの言葉はいつから指導を始めるのか、何時間くらい指導するのか、礼儀作法は、いつ、何から指導をするのか、何時間くらい指導するのか、歌の指導は……、そういった具体的な指導計画を立てていく。
　細かい修正は、いつでもできる。まずは、全体の指導計画を立てるのである。ただ、卒業式の練習が始まる直前になって計画を立てるのでは遅い。卒業式の実施要項が提案され決定するのが、通常であれば12月の職員会議であるから、その時点で、ある程度のイメージを持っておくのである。

子どもたちの練習が始まるのが３月に入ってからだろうから、それまでに教師の準備を終えておく。そのためには、何から決めていくのか、それはいつから検討していくのか、教師側の見通しも立てておくとよい。

　卒業式の取り組みだから、学校としてある程度のリズムやペースができていると思われる。しかし、そのリズムやペースでよいか、一度疑って見ることも必要であろう。前年度のやり方で余裕があったのか、そのままでよいのか、早めた方がよいのかなど、自分の感覚で一度考えてみることをお勧めする。

3．指導の仕方を示す

　実際に子どもへの指導の場面だ。基本は、「教えて褒める」「叱らないで身につけさせる」ことだ。しかし、その指導法は、正直あまり一般的ではない現状がある。「叱らない」ことを意識するあまり、子どもたちの緊張感が欠け、やはり厳しい指導に修正しなければならなくなることもある。だからこそ、「教えて褒める」指導を、具体的な場面で、担任の先生たちに見てもらうのである。

　歌の指導ができれば、その指導を通してでよい。ただ、歌の指導ができない場合、あるいは他の人が担当する場合は、よびかけの指導や礼儀作法の指導の場面を、意図的に使うとよいだろう。

　指導するときのポイントは、100点満点を求めないことだ。点の指導ではなく、線の指導である。今日は、ここまでをこのくらいできるようになればよい、次は、ここまでをこのくらいできるようになればよい、そう思いながら指導していくのである。だから、指導計画を立てる必要があるのだ。

　「教えて褒める」ためには、「授業の原則十か条」を使う。私は、次の原則を中心に、指導を組み立てている。

一時一事の原則・細分化の原則・全体の原則・激励の原則。

　これらの原則を使うからこそ、「教えて褒める」指導が可能になるのだ。そして、機会がある毎に、他の先生方にも指導の意図を伝えるとよいだろう。普通なら注意する場面で、なぜ注意しなかったのか、その子への対応はどうするつもりなのか等々、こういった指導を知らない方が疑問に思いそうなことを、時々伝えるとよい。もちろん、上から目線にならないようにであるが。

私たち教師が余裕を持って卒業式の練習を組み立てる。余裕があるから、子どもがうまくできないことや失敗したことに対して、余裕を持って対応できる。叱らなくても済むのだ。叱らない代わりに、褒めることが増える。褒めることが増えるから、卒業式の練習が、苦にならない。時には、楽しく明るい練習が続く。よい意味で、笑いが出るのである。

　卒業式のリーダーとして練習を仕切るのであれば、そういった空気を作ることを、意識していきたいものである。

（佐々木　誠）

6-4　全校遠足のリーダー

仕事は割り振り、計画と調整役に徹す

１．リーダーになったら、これをぜひやりたい

> 仕事は割り振り、調整役に徹して遠足を成功させる。

　仕事の抱え込みすぎはNG。中核の仕事以外は、他の教職員にお願いして、常にリーダーとして率先して動けるよう余力を残しておきたい。

　全校遠足で、1年生から6年生までの「たてわり班」による公園内スタンプラリー班遊びを実施した。意識したのは、以下5点。

> ①前年度の関係書類（実施案、反省など）を確認する。
> ②早めに計画を立て、適切な時期に提案を通す。
> ③仕事は割り振り、自分は確認と調整とお手伝いをする。
> ④当日は、携帯電話必須。天候、電車、人数確認を意識して動く。
> ⑤反省の取りまとめと、対策案の提案まできっちり行う。

２．早めに計画周知し、後は調整し続ける

> ①前年度の関連書類（実施案、反省など）を確認する。

　必ず書類に目を通し、分からないところは、周囲に確認する。実施案には、最終版が反映されていないこともあるので、前年度反省にも目を通す。私は、昨年度も特活部に所属していたため、前年度の様子が分かっていたが確認した。

> ②早めに計画を立て、適切な時期に提案を通す。

　勤務校では、提案を通すのに次の手順をふむ。

（1）特活部内で実施案を作成
（2）管理職と主幹による運営委員会で審議
（3）再考が要請されたら、特活部内で再検討
（4）職員会議で提案
（5）再考が要請されたら、特活部内で再検討し再提案

　従って職員会議や特活会議から逆算して行動していくことが、大前提である。年度初めには見通しを持ち、計画を立てたい。以下、特記事項。

（1）昨年の実施案、反省書類に赤を入れながら、特活内で今年度にあわせた案を決める。このとき、管理職方針によるものがあれば、すぐに確認をとり、反映させる。他の先生にアドバイスをもとめた方がよいのであれば先に相談して同意を得ておく。後の再検討事項が少なくてすむ。
　　決めたことは、自分が実施案にまとめる。実施案は、自分で作成する。この方が全体を見ることができる。
（2）ここで、提案の意向をきちんと説明し、納得してもらうことが大切。
※全校実踏の必要があれば、年度初めに教務に相談し、年間計画に入れてもらう。

---

③仕事は割り振り、自分は確認と調整とお手伝いをする。

　遠足に向けて準備することは、様々ある。
●郊外学習実施届け提出　　●電車やバス会社との交渉　　●集金の確認
●遠足のしおり作成と印刷　●スタンプラリー用紙作成と印刷
●当日の出欠確認チェック　●歩行ルートの確認と周知
●地域によっては、警察との連携（児童が集団で歩くから）　●地図の用意
●反省用紙の作成と集計　　など
　このような仕事は、全て他の先生にお願いしてしまう。同時に、作業ごとの締切日も決めてしまう。そして、自分は、実施案などの中核書類の作成と全体をまとめることに終始する。時折進捗確認をして、遅れ気味な先生や大変そうな先生を「手伝う」ことで準備を円滑に推し進められるからだ。場合によっては、「私やっておきますね。」と、自分がやってしまう。

また、遠足が近づくにつれ、問題が発生したり、検討事項が出てきたりと、新たな作業が発生するものだ。これには、自分が率先して対応する。そのためにも、中核以外の仕事は思い切って他の先生を頼ってしまう方が、ことがうまく進む。

④当日は、携帯電話必須。天候、電車、人数確認を意識して動く。

安全で楽しい遠足で終わりたい。当日のアクシデントにそなえるためにも、携帯電話は必携。事前に管理職はじめ主要教員と電話番号交換をしておくことも必須。迷子連絡で重宝した。また、雨がふって早めに遠足をきりあげたこともあり、駅との交渉にも電話が役立った。以下、その他の、当日の検討事項をあげる。

（１）迷子
　スタンプラリーをする場合は、迷子対応と救急場所を決めておく。勤務校では、迷子センター＆救急場所をスタンプラリーの地図に明記しておいた。迷子が来ると直ちに私に連絡が入り、先生間で連絡をとりあった。

（２）出欠の伝達
　たてわり遠足の場合、クラスの出欠状況を早い段階で確認し、以下を行う必要がある。
●各縦割り班の担当教諭に伝える。
●鉄道会社への報告人数に反映させる。
　勤務校では、出欠カードを早めに提出してもらい、それを担任以外の教諭が縦割り班の名簿に反映させて、各縦割り班担当教員に渡す方法をとった。鉄道会社への人数報告にも反映させた。
※当日朝からの行動を事前に特活部内でシミュレーションして検討しておくと、工夫を加えたり、不要なことを減らしたりすることができる。

⑤反省のとりまとめと、対策案の提案まできっちり行う。

遠足が終わると、以下が待っている。
（１）反省用紙を配る
（２）反省を元に、特活部で来年度に向けた提案を検討

（3）管理職と主幹による運営委員会で審議
（4）再考が要請されたら、特活部で再検討
（5）職員会議で提案
（6）再考が要請されたら、特活部で再検討し、運営と職員会議にかける
（7）来年度への提案をまとめて終了

　以下、特記事項。
（1）反省用紙は、遠足の前日までに配付し、周知しておく。終わるとすぐに書いてくださる仕事の早い先生がいるからだ。
（2）来年度にならないと決められないことは、ズバっと先送りにする。必要最低限のことを決める。反省用紙の文面だけではよく分からない場合は、事前に「この人かな？」という人に確認しておくとよい。
（3）書類をきちんと作成して保管場所を明確にしておく。

3．児童の安全と、学校主事との連携

　勤務校での経験をもとに書いているので、参考程度のことも多いかと思う。しかし、常に次のことは念頭に進めるとよい。

①児童の安全

　全校遠足は、全員を校外に連れ出すということである。従って、何よりも大切なことは児童の安全確保となる。決定の際に様々迷うこともあると思うが、児童の安全と負担を第一に考え、時間に余裕のある計画を立てると無理がなくてよい。
　その上で、可能なかぎり教員の仕事が効率よくこなせるよう検討していくと、教職員のみなさんに理解いただけると思う。

②学校主事との連携

　全校遠足は、学校主事にも世話になる。提案や決定は教員だけの会議で決まることが多いので、学校主事には書類を手渡しして、きちんと決定事項をお話しする方がよい。一緒に遠足を支える職員として連絡や変更事項もお伝えしていくことを忘れないようにしたい。当日、全職員が一丸となれるよう、準備段階から配慮していくことも大切な仕事の1つと考えて動く。

(緒方理子)

6-5 学芸会のリーダー

計画調整役になって、遅れを防ぐ

１．リーダーになったら、これをぜひやりたい

　学芸会は準備するものも多く、本番が近づくにつれ、みな忙しさが増していく。そのため、各種締め切りが守れないことや、各仕事が滞ることがある。主任になったら、

> ぜひ、計画通りに準備を進めて、少しでも他の教職員の負担が減るよう調整役になって率先して動きたい。

２．調整役に徹するために、仕事は割り振る

　中核の仕事以外は、他の教職員にお願いする。そのために、①～③を意識して動いた。詳細は、前節「全校遠足のリーダー　仕事は割り振り、計画と調整役に徹す」に同じ。

> ①早めに計画を立て、適切な時期に実施案を通す。
> ②できるだけ仕事を割り振り、自分は確認と調整と手伝いをする。
> ③反省のとりまとめと、対策案の提案まできっちり行う。

　行事をとりまとめるという点では、共通する仕事術がたくさんある。ここでは、学芸会に特化した仕事術を述べる。

３．締切日に間に合うよう提案していく。

　年度初めに前回の実施案に目を通し、今年度のだいたいの締切日を計画してしまう。その締切日に間に合うように逆算して実施案を作成し、提案する。例えば、台本の締め切り。台本締め切りが夏休み明けすぐなら、１学期中には提案し、計画を周知しなければならない、となる。

　実施案には、事前に決められることは極力盛り込む。早めに全職員に見通しを持ってもらうことが大切。なお、練習の体育館割り当てなどの特別時程表は早い段階で決

定していなくてもよいものは、後で差し替えてもよい。
　以下、私が作成した実施案の項目である。
①ねらい
②基本方針と配慮事項
③場所、日時、発表内容の確認
④予算
⑤係分担前日まで（係：仕事内容：担当教職員：係児童）
⑥配当時間（各学年、休憩、挨拶等）
⑦係分担当日
⑧予定（提出締切日などを日付順に記載）
⑨体育館割り当て特別時間割表（提案時期は、校内事情にあわせる）
⑩会場準備について（準備内容、担当者、準備詳細を日付順に記載）
⑪会場図（１日目児童鑑賞日用・２日目保護者鑑賞日用）
※特別時間割表を拡大印刷して練習期間に教員室に掲示する。空き時間の予約表としても使える。

４．提出物の締め切りをよびかけ、担当の先生への確認を忘れない

　演目の決定、台本の提出など、各学年に締切りを守って提出してもらうものは、忘れずに事前によびかける。学年だけでなく、各担当の先生にも声をかける。締め切りをすぎてからではなく、こちらも事前に。

５．必要に応じて書類を追加

　練習が始まってから浮上する問題がある。実施案にはないことは、必要に応じて資料を作成して配付する。私の場合、前日と当日の時程は、実施案とは別に配付した。

６．保護者参観日の会場作りに気を配る

　保護者に鑑賞してよい場所が分かりやすいように示す。ビデオ撮影位置や、立ち位置禁止区域が分かるよう、会場入口に会場図を掲示した。また、会場内に張り紙やトラロープをはった。演技中は出入り禁止なのかそうではないかといった入れ替えのルールも、保護者には事前に伝える。

７．担当ごとに引き継ぎ資料を作成してもらう

　学芸会準備が始まる前に、担当ごとに引き継ぎ用紙を渡す。用紙には「担当：担当者名：今年度行ったこと：特記事項」などの項目を設けておく。これを書いてもらい、次回に引き継ぐとよい。

（緒方理子）

7

番外編

主任じゃないけど大事なポジション

7-1　学年会計

Excel が必須アイテム
こま目に早めにチェックしておくといい

1．担当になったら、これをぜひやりたい

> 残金が分かることで、子どもたちのために有効にお金を使うことができる。

2．Excelの計算表が必須アイテム！

　会計で必要なのが、Excelの計算表である。校内で昨年度会計担当をされていた先生にお願いしてもらうといい。私が使用しているものが右記である。右記では、以下の工夫がされている。

> ①金額部分・合計部分は自動計算されるようになっている。
> ②収入金額部分より右を切り取れば保護者配付ができるようになっている。
> ③教材会社電話番号、支払済未、支援級注文ありなしを確認できるようにしてある。
> ④欄外に各クラスの児童数をメモしてある。

　業社に注文をした時点で項目に入力をする。1ヶ月に一度、学年会で配付すると、後どれくらいの予算があるのか分かるので、教材を追加購入するかどうかの判断材料になる。

3．通帳記載＆鉛筆での書き込みをする

　未納があると、一斉引き落としとは別に金額を振り込むことになる。現金が徴収さ

れた時点で未納者一覧名簿に「領収」のチェックをする。また、できる限り早めに銀行に振り込みにいくようにする（貰ったか貰っていないのか分からなくなる）。そのときに、通帳には、

①「誰」の「何月分」なのかを備考欄に記入する（金額だけだと分からなくなる）。
②一斉振り込みされた人数と個別に振り込んだ人数が合っているか確かめる（鉛筆で○月OKなど記入してしまう）。
③払い戻し金額でも同様に「カンジスキル」「ショシャヨウシ」など記入する。

4．納品書、請求書、領収書の保存

　業社からは、納品書、請求書、領収書を受け取る。納品書は特にとっておかなくてもいい。請求書は、業社支払日の1週間ぐらい前に業社から送られてくる（こない場合、電話して取りよせる）。請求書にある金額を銀行から引き出しておく。領収書を貰えたら請求書はとっておかなくてもいい。領収書は「領収書専用の保存袋」や「領収書専用封筒」に入れるか「会計簿」に貼り付けて保存する。

5．会計が合わなくなる原因

　会計が難しいのは、間違えたときにどこでどんな間違いをしたのかが分かりづらいことにある。以下に合わなくなる原因を挙げる。

①現金徴収の際に、徴収名簿にチェックをし忘れてしまい、貰ったのか貰っていないのか分からなくなる。
②両替したり費目ごとに金額を分けたりする中で、金額を間違えてしまう。
③遠足や社会科見学の交通費、欠席者返金、支援級児童の含む、含まないなどの計算がずれてしまう。
④業社が領収書の金額を間違えている（実際にあった）。

6．会計作業はこま目に早目に

　会計作業は毎月、毎月、こま目にチェックしておくと大怪我をしにくくなる。保護者への会計報告を出す場合は、思ったより時間がかかる。最低でも、1週間前から作業をしておくといい。

（田丸義明）

7-2　校内親和会幹事長

> # 楽しいゲームで盛り上がろう

１．幹事長になったら、これをぜひやりたい

「○○先生に幹事長をやってもらってよかった」
と言われるように、笑顔で務める。

２．幹事の仕事内容、親和会の規約を確認する

　勤務校では、1学期2学期3学期の3つのグループに分かれ、それぞれの学期に幹事長1名、会計1名が割り振られる。
　親和会の幹事長になるとまず、過去の仕事内容や親和会の規約を確認する必要がある。勤務校の親和会の一部を紹介する。

- 休職・育休等において、給与を全額支給されていない方からは会費を徴収しない。
  会員の中で、お休みに入られた先生がいた場合、速やかに親和会費の引き落としを止める手続きをとり、場合に応じて返金する手続きを取る。
- 会員が結婚したときは10000円を贈る。
  結婚した場合や子どもが誕生したときの慶弔、または、親族が亡くなったとき、会員が療休のときの見舞金など、規約を見て金額などを確認する。

　このように、会員やその家族の慶弔などに対する儀礼について把握する。これらの儀礼が遅くなると、次の学期の幹事や会計の方に迷惑をかけることになるので、速やかに行うようにする。

３．学期ごとに納め会、祝賀歓送迎会の開催

　どの時期に、納め会を行っていたのか、予算はどれくらいか、場所はどこで行っていたのか、過去のファイルや会計を見ながら確認する。特にお店（場所）の確保が重要である。納め会の時期は、予約が殺到するので早めに場所を決定したい。

そして、私が幹事長になったときには、ゲームを行っていた。以下に職場の納め会などで盛り上がるゲームを紹介する。

①**ちがうが勝ちゲーム**‥‥‥　グループで行う協力ゲームである。店のテーブルごとで競い合って行うことができる。お題の中に学校の情報を入れるとより盛り上がる。
参考：明日教室で使えるクイズ・ゲーム「ちがうが勝ち！」
　　　「TOSSランド　http://www.tos-land.net/」に掲載。
　　　http://www.tos-land.net/teaching_plan/contents/12035
②**秘密の主は誰？ゲーム**‥‥‥　司会者が秘密を1つ読み上げるごとに参加者が秘密の主を推測し、秘密の主を当てることを競うゲームである。事前に参加者にプロフィールや秘密を書いてもらい、面白いエピソードを紹介して誰か当てていく。
参考：飲み会ゲーム 会社編
　　　http://www.hotpepper.jp/doc/bounenkai/nandemo/game_kaisya.html
③**ビンゴゲーム**‥‥‥‥‥‥　景品を用意すると盛り上がる。大きい紙に出た数字を書いていくと、どの数字が出たのか全員が共有することができる。
④**万歩計ゲーム**‥‥‥‥‥‥　制限時間内に、誰が一番万歩計の値を増やせるか競う。
⑤**ロシアンパイの実**‥‥‥‥　誰が、辛子入りのパイの実を食べているのか当てる。
⑥**絵しりとり**‥‥‥‥‥‥‥　絵でしりとりをする。しゃべってはいけない。チームごと、時間を区切って、数を競争する。
⑦**クイズ**‥‥‥‥‥‥‥‥‥　給食の食器はいくら？（結構高い）など、学校にまつわる、知っているようで意外と知られていないことなどをクイズにすると盛り上がる。また、インターネットで「宴会　クイズ　問題」などで検索すると面白いクイズがたくさん紹介されている。
（例）●サザエさんの結婚前の職業は？／A出版社の記者　Bバスガイド
　　　　答え　A出版社の記者
　　●「ゲゲゲの鬼太郎」にでてくる目玉おやじは鬼太郎の目である。
　　　　答え　×（鬼太郎のお父さんの目です）
　　●チンパンジーの血液型は全てAである。
　　　　答え　×（90％がA、10％がO）
参考：役立つ！宴会で使えるクイズの問題集　https://chouseisan.com/l/post-23970/

（杉本大樹）

7-3　お土産

お土産で盛り上がろう

1．お土産を買ってきたら、これをぜひやりたい

長期休業後に、お土産を教職員みんなで一斉に開ける。全国津々浦々（海外!?）のお土産が揃い、話も盛り上がり、幸せな気分で新学期を迎えられる。

2．お土産に目を向け、こだわる

　旅行に行くとお土産が気になる。必ずというほど買ってしまう。どれを買おうか迷ってしまう。筆者の出身の静岡県にもいろいろなお土産がある。特産品を原料に使ったものや、古くからあるもの、歴史と関係のあるものなどいろいろだ。楽しいのは、もちろん食べられるお土産である。

3．ネーミングにこだわる

　お土産のネーミングに目を向けるのである。ポイントは人名である。人の名前の書いてあるお土産をさがすのである。
　例えば先日行った山口県では、伊藤博文、高杉晋作、楊貴妃、千利休といったネーミングのお土産があった。楊貴妃というお土産は、その昔楊貴妃が流れ着いて亡くなったという伝説からくるそうである。お墓もちゃんと山口県にあるそうだ。宮本武蔵や佐々木小次郎の名前が入ったお土産もあった。
　旅行に行った際はお土産の名前をリサーチし、その中の1ないし2つを職員用に購入することを勧める。筆者はお土産「楊貴妃」を購入し、「楊貴妃」を食べながらエピソードを話し、ちょっとだけ盛り上がった（もちろん興味のない先生も多いが…）。要はお土産を買ってきて自分が楽しく話せればいいのである。そうすれば自然と周りも楽しい。

4．言葉にこだわる

　お土産を見ていると面白いことに気が付く。「〇〇〇の女」という名前の物がいく

つかある。では、「○○○の男」というのは、あるのだろうか。そんな疑問が湧いてくる。今のところ筆者のリサーチでは「○○○の男」とネーミングされたお土産は見つかっていない。「○○ポテト」と「○○ぽてと」の違いはなんだろうか。カタカナで「クリーム」と書くのと「くりいむ」と書くお土産は何が違うのだろうか。

　お土産を選んでいるとそんな疑問にぶつかることが多々ある。こういった疑問とともにお土産を持ち帰り職場の話題にしても楽しいと思う。

5．お土産というか、おすそ分けでもいい

　今年の冬は、旅行に出かけなかったので、冬休み明け自分の畑で作った「キャベツ」「ねぎ」を学校に持って行ってお土産のかわりにした。夏は「トマト」「ナス」「トウガラシ」がいい。失敗がないし大量にできるので自分では食べきれないし、みんなにおすそ分けができる。トウガラシは特にそうであった。

　自分で作った余剰をお土産にしてもいいし、実家、地元で作っているお茶やみかんもお土産（というかおすそ分け）にすることが多い。

6．お土産でうんちくを

　京都名物のお土産「八つ橋」はもともと四角くて硬かった。「三角になってやわらかくなったのはなぜ？」あるいは、三重県名産のお土産「赤福」。「冬の赤福の包装と夏の赤福の包装はどう違うのか」「赤福ができるまでの秘話」などなど、お土産にはおもしろい秘密が隠されていることも多い。そのような秘密を知り、職場で披露しながらみんなで食べるのも楽しい。

7．要は自己満足！　自分が楽しければみんな楽しい

　要は、どんなお土産にするかは自己満足の世界なのである。自分が素敵だと思えるお土産を買って自分が楽しく、みんなも楽しければそれでいいと思う。少々押しつけがましくても、うんちくが入ろうとも、話をめんどうがられても、自分がいいと思うものを持って行って嫌な顔をする人はいない。同じものを食べながら自分が好きなことを好き勝手に話し、気分が良ければきっとそれは伝染する。

　そして職場の人たちのことを思いながら、「ああでもない、こうでもない。」と言ってどれにしようか悩むのは結構楽しいものである。お土産選びを楽しもう！　そうすれば職場も楽しくなる！

（内海里美）

7-4　お茶入れ

お茶入れで校務が円滑に

1．お茶を入れたら、これをぜひやりたい

「今日は（コーヒーを）甘くしておきました」と言ってみること。

2．校務を円滑に行うためのお茶入れ

「お茶入れ」と聞いていつも思い出すのが、TOSS横浜顧問の小松眞氏から教わったエピソードだ。小松氏が子育て真っ最中のお母さん先生と学年を組まれたときのこと。

定時出勤、定時退勤の忙しい合間を縫って、そのお母さん先生が必ずされていたことがあるという。中休みのお茶入れだ。中休みになると、その先生は必ず学年の先生分のコーヒーを入れて下さる。だから自然と学年の先生が中休みには職員室に集まる。自然に学年研になるのだという。したがって放課後の学年研は必要なし。お茶入れが校務を円滑にし、学年団の和を築く。

3．人間関係を円滑にするお茶入れ

サークルの先生方とお茶入れの話で盛り上がったことがある。それぞれに工夫している。お二人の方の「お茶入れ術」をご紹介する。

お一人目、佐藤文香氏。いつもはブラックしか飲まない方にお砂糖を入れて、「今日は甘くしておきました」と言って、コーヒーを持っていくそうだ。「疲れているかなと思って」という言葉を添えて。甘いものを欲している顔をしているかどうかを見極める。レベルが高すぎて、私はまだやったことがない。だが、入れてもらった側は、ここまで気遣いをしてもらったら嬉しいだろう。

お二人目、川口里佳氏。川口氏は先生方のお茶の好みをメモしているという。「○○先生　コーヒー　ブラック」「○○先生　紅茶　1杯」など。この細やかさにも驚かされた。

校務だけでなく、人間関係をも円滑にするお茶入れは、やはりりっぱな仕事術だ。

４．校務分掌にない役割を率先して行う

　ところで、職場の飲み物は誰が用意しているのだろうか。個人か、学年か、職員室か、学校ごとのやり方がある。

　学年で買う場合は、学年で決めた担当者がお茶代を集める。職員室でまとめて買う場合は親睦会のお金が使われるだろう。前任校では、お茶の葉代は親睦会計から、そして、コーヒーや紅茶代は別途会員制で飲みたい人がお金を出しあっていた。それらのお金を集めたり、お茶を買ってきたりする役割はもちろん校務分掌にはない。そういうときこそ進んで受けるようにしていた。スーパーや通販でお茶を大人買いする。気持ちがいい。

５．お茶を飲みやすいように整えておく

　初任の頃から続けていることがある。出勤後に職員室のポットに水をセットすることだ。お湯が沸いたら、管理職や学年の先生にお茶を入れる。コーヒーメーカーも同じようにセットして、コーヒーを作っておく。「いいにおいだね。」と、出勤してきた同僚に喜ばれる。

　30代半ばを過ぎた頃だろうか。管理職へのお茶入れは控えるようになった。若い先生に気を遣わせてしまうような気がした。管理職へのお茶入れは、日直のときと夏休みの昼食時だけにしようと決めた。その分、コーヒーメーカーの掃除、長期休み中のコップの塩素消毒など、職場のみんなが気持ちよくお茶を飲めるような環境を整えておくことを心掛けている。

６．研究会、来客等では率先してお茶を運ぶ

　他校の研究会に参加すると、研究協議の前に研究会役員の方がよくお茶を出してくださる。そのようなときには、研究会役員でなくてもお茶を運ぶようにしている。以前、自分が研究会役員だったときに、研究会に参加されていたサークルの先生がそのようにされていた。手の足りないときだったのでとてもありがたく、嬉しく思った。以来、自分もそのようにしている。

　自校でお客様を迎えたときも同じだ。校長室へ案内して終わりではない。お茶を入れて差し上げる。帰られた後は、片付けに入る。タイミングもあるので、必ずとは言えないが、できれば片付けまでをセットでやりたい。

（森本麻美）

おわりに

いつも手元に「主任本」

　私が初めて主任という名のつく仕事をしたときには、前主任の先輩先生が仕事内容を教えてくれた。分からないときには、質問すれば教えてくれた。
　しかし、その後、他の主任も務めるようになると、主任になったものの何をしてよいのか分からないことが多くあった。
　初めて主任になっても、何をすればよいか分かる本。
　20代で初めて主任になっても、何をどのようにどのくらいすればよいのかが分かり、安心して仕事をすることができる本——。
　そういった本があれば、安心して仕事を進めることができると思った。
　以前は、職場で先輩から仕事内容を教わり継承していたが、今は若い先生が急激に増えていたり層が薄い年代があったりする。その部分を補うのが主任本の使命である。

　会社等には、業務を進めるための「マニュアル」や「チェックリスト」がある。
　しかし、学校現場にはあまりない。残念なことに、多くは、3Kと言われる「経験」「記憶」「勘」で仕事が進んでいる。3Kで仕事をしてしまうと困ることが2つある。
　1つ目は、「その仕事を初めてする人が、何をすればよいか分からない」ということである。
　特に、初任者がその仕事の担当になったとき、異動してきた人がその仕事の担当になったときにとても困る。何をすればよいか分からないのである。
　前任者がいれば聞いて仕事をすることができるが、とても効率が悪い上にオチが出る確率が非常に高い。前任者がいなければ、職員室で聞いてまわるか、自分で考えてやるしかない。
　2つ目は、「仕事の蓄積ができない」ということである。
　毎年、伝聞や思いつきで仕事をしていたら、年度替わりに担当者が変わることでリセットがかかってしまう。担当者が変わって一からやり直しになってしまうのは、非生産的。よい学校になるわけがない。

この「若手教師のための主任マニュアル」(通称「主任本」)は、このような学校現場での業務をより効率的に、より生産的に行うことができるよう、さらにはより良い学校になるよう願って作った。
　一人でも多くの方のお役に立てれば幸いである。

TOSS横浜
大 門 貴 之

■**渡辺喜男**（わたなべ よしお）
1956年生まれ。
現在、横浜市の市立小学校に勤務。
TOSS神奈川代表、TOSS横浜代表、TOSS中央事務局。

■**TOSS横浜**
教育技術や授業、学級経営の方法などを学んでいる。
また、各種社会貢献活動を展開中。モットーは「研究と笑い」。
執筆者は以下。

渡辺喜男	佐々木誠	佐藤文香	松永忠弘	清水康弘
橋本信介	小川幸一	武田晃治	千葉美和	村田淳
木下恭輔	平眞由美	大石哲久	松木康将	内海里美
高橋智美	野村尚也	杉本大樹	片桐利樹	高橋優
森本麻美	山崎克洋	緒方理子	田丸義明	大門貴之

若手教師のための主任マニュアル

2016年3月25日　初版発行
2017年4月20日　第2版発行
2019年4月20日　第3版発行

編　著　　渡辺喜男＆TOSS横浜
発行者　　小島直人
発行所　　株式会社 学芸みらい社
　　　　　〒162-0833 東京都新宿区筈笥町31番 筈笥町SKビル3F
　　　　　電話番号 03-5227-1266
　　　　　HP　：http://www.gakugeimirai.jp/
　　　　　E-mail：info@gakugeimirai.jp
印刷所・製本所　藤原印刷株式会社
ブックデザイン　荒木香樹

©Yoshio Watanabe & TOSS Yokohama 2016　Printed in Japan
ISBN978-4-908637-12-4 C3037

落丁・乱丁本は弊社宛お送りください。送料弊社負担でお取り替えいたします。

学芸みらい社
学芸を未来に伝える
GAKUGEI MIRAISHA

授業の新法則化シリーズ（全リスト）

書　名	ISBNコード	本体価格	税込価格
「国語」　～基礎基本編～	978-4-905374-47-3 C3037	1,600円	1,728円
「国語」　～1年生編～	978-4-905374-48-0 C3037	1,600円	1,728円
「国語」　～2年生編～	978-4-905374-49-7 C3037	1,600円	1,728円
「国語」　～3年生編～	978-4-905374-50-3 C3037	1,600円	1,728円
「国語」　～4年生編～	978-4-905374-51-0 C3037	1,600円	1,728円
「国語」　～5年生編～	978-4-905374-52-7 C3037	1,600円	1,728円
「国語」　～6年生編～	978-4-905374-53-4 C3037	1,600円	1,728円
「算数」　～1年生編～	978-4-905374-54-1 C3037	1,600円	1,728円
「算数」　～2年生編～	978-4-905374-55-8 C3037	1,600円	1,728円
「算数」　～3年生編～	978-4-905374-56-5 C3037	1,600円	1,728円
「算数」　～4年生編～	978-4-905374-57-2 C3037	1,600円	1,728円
「算数」　～5年生編～	978-4-905374-58-9 C3037	1,600円	1,728円
「算数」　～6年生編～	978-4-905374-59-6 C3037	1,600円	1,728円
「理科」　～3・4年生編～	978-4-905374-64-0 C3037	2,200円	2,376円
「理科」　～5年生編～	978-4-905374-65-7 C3037	2,200円	2,376円
「理科」　～6年生編～	978-4-905374-66-4 C3037	2,200円	2,376円
「社会」　～3・4年生編～	978-4-905374-68-8 C3037	1,600円	1,728円
「社会」　～5年生編～	978-4-905374-69-5 C3037	1,600円	1,728円
「社会」　～6年生編～	978-4-905374-70-1 C3037	1,600円	1,728円
「図画美術」　～基礎基本編～	978-4-905374-60-2 C3037	2,200円	2,376円
「図画美術」　～題材編～	978-4-905374-61-9 C3037	2,200円	2,376円
「体育」　～基礎基本編～	978-4-905374-71-8 C3037	1,600円	1,728円
「体育」　～低学年編～	978-4-905374-72-5 C3037	1,600円	1,728円
「体育」　～中学年編～	978-4-905374-73-2 C3037	1,600円	1,728円
「体育」　～高学年編～	978-4-905374-74-9 C3037	1,600円	1,728円
「音楽」	978-4-905374-67-1 C3037	1,600円	1,728円
「道徳」	978-4-905374-62-6 C3037	1,600円	1,728円
「外国語活動」（英語）	978-4-905374-63-3 C3037	2,500円	2,700円

学芸みらい社の好評既刊

日本全国の書店や、アマゾン他のネット書店で注文・購入できます！

教師と生徒でつくる アクティブ学習技術

「TOSSメモ」の活用で社会科授業が変わる！

企画・監修 向山洋一・谷 和樹　著 赤阪 勝

「調べ学習」の最強ツール！
地図づくりや歴史学習に
絶大な効力を発揮。
TOSSメモを使った
情報の収集と整理が、
子どもたちの「ひらめき」を呼ぶ。

向山洋一氏 推薦!!

書き込み、貼り替え、自由自在！
アイデアが次々にわき、
子どもたちの活発な討論が進む。
アクティブ・ラーニングの切り札!!

A5判 ソフトカバー 120ページ　定価：本体1800円＋税
ISBN978-4-905374-99-2 C3037

■企画・監修
向山洋一（むこうやまよういち）
日本教育技術学会会長。TOSS代表。東京学芸大学卒業後、東京都大田区立の小学校教師となり、2000年3月に退職。全国の優れた教育技術を集め、教師の共有財産にするための「教育技術法則化運動」TOSSを始める。『新版 授業の腕を上げる法則』など著書多数。

谷 和樹（たにかずき）
玉川大学教職大学院教授。神戸大学教育学部卒業。兵庫県の加東市立東条西小、滝野東小などで22年間勤務。その間、兵庫教育大学修士課程学校教育研究科にて教科領域教育を専攻。教育技術法則化運動に参加。『みるみる子どもが変化する「プロ教師が使いこなす指導技術」』など著書多数。

■著者
赤阪 勝（あかさかまさる）
福岡県太宰府市立水城西小学校教諭。鹿児島大学教育学部小学校教員養成課程卒業。福岡県の宇美町立井野小、須恵町立須恵第一小などを経て、現職。10年前からTOSS向山型社会セミナーで実践発表などを重ねる。共著に『調べ学習高学年「仮説を立てて検証する」』など。

【目次より】
第1章	TOSSメモと空間認識能力の育成
第2章	TOSSメモと地図づくり
第3章	「立体的グラフ」と「マップ」を連係させたTOSSメモ活用法
第4章	TOSSメモと歴史学習
第5章	TOSSメモと調べ学習